W0074092

w_orten
& meer

Wie schreibe ich divers? Wie spreche ich gendergerecht?
Ein Praxis-Handbuch zu Gender und Sprache
Lann Hornscheidt & Ja'n Sammla
Ein Projekt des Instituts für respektvolle und gerechte Sprache

2. Auflage, Hiddensee: w_orten & meer, 2021
ISBN 978-3-945644-21-8

Lektorat: Eliah Lüthi
Gestaltung, Satz und Cover: Zanko Loreck
Druck: Oktoberdruck GmbH, Berlin

Dieser Band wurde umweltfreundlich gedruckt:
– auf 100% Recyclingpapier, FSC-zertifiziert mit dem Blauen Engel
– mit mineralölfreien Druckfarben ohne Isopropanol
– ohne Folie kaschiertes Cover
– uneingeschweißt

Umfassende Nachhaltigkeit in Bezug auf natürliche Ressourcen und soziales Miteinander ist Verlagskonzept: Strom und Gas für das Büro beziehen wir über Greenpeace Energy, wir reparieren, statt neu zu kaufen, unser Bürobedarf ist ökologisch, und wir versuchen alle Arbeitsprozesse möglichst fair zu gestalten. Wir setzen uns ein für ein wertschätzendes und ressourcenschonendes Sein in Welt.

Printed in Germany
Alle Rechte vorbehalten.
© w_orten & meer GmbH, Hiddensee 2021

w_orten & meer GmbH
Verlag für verbindendes diskriminierungskritisches Handeln
Süderende 86, 18565 Insel Hiddensee
Email: kontakt@wortenundmeer.net
www.wortenundmeer.net

Bibliografische Information der Deutschen Nationalbibliothek:
Die Deutsche Nationalbibliothek verzeichnet dieses Publikation in der Deutschen Nationalbibliografie; detaillierte bibliografische Daten sind im Internet über https://portal.dnb.de abrufbar.

Lann Hornscheidt
& Ja'n Sammla

Wie schreibe ich divers?
Wie spreche ich gendergerecht?

Ein Praxis-Handbuch
zu Gender und Sprache

w_orten
& meer

INHALT

TEIL 1

TEIL 2

TEIL 3

TEIL 4

TEIL 5

Beispiele für umgeschriebene Texte:
Sprachveränderungen konkret umgesetzt

TEIL 6

EINLEITUNG

Einleitung

Divers heißt: es gibt mehr als Frauen und Männer – divers ist seit 2018 neben weiblich und männlich ein offizieller dritter Geschlechtseintrag, neben der vierten Möglichkeit den Geschlechtseintrag zu streichen. Divers heißt auch: Menschen sind vielfältig und verschieden, nicht unter ein Label einpassbar. Bisher werden Menschen in weiblich und männlich eingeteilt: »Liebe Bürgerinnen und Bürger ...«, »die zuständige Mitarbeiterin ...«, »alle Mädchen und Jungs ...«

Alle Menschen, die sich nicht als männlich oder weiblich verstehen, werden mit diesen Ausdrucksweisen nicht angesprochen, kommen nicht vor, sind nicht mitgemeint. Das ist diskriminierend – wir wünschen uns: Sprache soll diverser werden!

Aber wie schreibe und spreche ich divers?

Das Handbuch gibt dafür viele konkrete Beispiele und Ideen:

~~»Liebe Kundin, lieber Kunde ...«~~

→ Wie kann ich Personen ansprechen, wenn ich nicht weiß, ob sie sich als weiblich, männlich oder divers verstehen?

~~»Guten Tag Herr Aslan«~~
~~»Hallo Frau Nachbarin!«~~

→ Wie spreche/schreibe ich Menschen an, die ich kenne, von denen ich aber nicht weiß, wie sie sich selbst definieren?

»Hallo ~~Frau~~ Ibrahim, hier spricht die Servicestelle Ihrer Bank.«
»Guten Tag. Danke für den Rückruf. Wie bereits mitgeteilt, ver-

stehe ich mich nicht als Frau oder Mann, sondern als divers.«

→ Wie kann ich Personen ansprechen, von denen ich weiß, dass sie sich als divers verstehen?

»Guten Tag, Leanda Oteke mein Name. Ich gehöre zu der Gartengruppe Wildrose und würde gerne über mögliche Förderungen mit Ihnen sprechen.«
»Danke für den Anruf, ~~Frau~~ Oteke.«

→ Wie kann ich eine Person ansprechen, deren Namen und Stimme ich höre, und von der ich nicht weiß, wie sie sich selbst in Bezug auf Gender versteht?

~~»Liebe MitarbeiterInnen«~~
~~»Hallo Genossen!«~~

→ Wie kann ich möglichst viele Menschen mit unterschiedlichen Genderidentitäten ansprechen, ohne zu diskriminieren und auszuschließen?

~~»Sehr geehrte Damen und Herren«~~
~~»Liebe Bürgerinnen und Bürger«~~

◯ ~~Herr~~   ◯ ~~Frau~~   ◯ ~~Familie~~   ◯ ~~Firma~~

Wenn du direkt umgeschriebene Beispiele lesen möchtest, dann schau direkt in die Teile 3–5.

→ Wie formuliere ich gendergerecht und genderinklusiv in Briefen, Formularen, Anreden, Emails sowie in mündlicher Kommunikation?

15

Wir haben dieses Praxis-Handbuch geschrieben, um allen Menschen, die diskriminierungskritisch kommunizieren möchten, Ideen, Inspirationen und Vorschläge zu geben, wie dies in Bezug auf Gender möglich ist. Wir haben das Handbuch geschrieben, um uns selbst und andere Menschen zu ermutigen und zu empowern, den eigenen Sprachgebrauch ernst zu nehmen. Das Handbuch ist Ausdruck unseres Wunsches, respektvoll miteinander kommunizieren zu können. Wir verstehen Sprache als eine ganz zentrale Handlungsmöglichkeit. Sprache wird von allen überall und immer verwendet – und kann kontinuierlich neu gestaltet werden. Dies respektvoll und diskriminierungskritisch zu tun, indem der eigene Sprachgebrauch überdacht und verändert wird, liegt in der Hand jeder einzelnen Person. Sprachveränderung heißt auch: Über unser Sprechen können wir unsere eigene Polit-Gruppe sein, indem wir das Leben von Menschen miteinander aktiv respektvoller gestalten.

Respektvoll und diskriminierungskritisch zu schreiben und sprechen bedeutet für uns vor allem:

- Menschen so anzusprechen, wie sie es sich wünschen.
- Menschen so zu benennen, wie sie sich verstehen.
- Sich sprachlich so auszudrücken, dass alle sich gemeint und wahrgenommen fühlen können.

Wir teilen hier unsere Ideen, Wünsche und Überlegungen. Nichts davon ist in Stein gemeißelt. Es ist eine Momentaufnahme und Ausdruck unserer Reflexionen, unseres Sprachgebrauchs und unserer Visionen. Sprache ist immer in Bewegung. Diese Bewegung wieder wahrzunehmen und aktiv selbst zu gestalten und nicht auf feststehende, immer gültige Regeln zu hoffen, ist uns ein Anliegen mit diesem Handbuch.

Wie ist das Handbuch aufgebaut?
Wie kann es gelesen werden?

Mit Hilfe des Handbuches ist es möglich, die verschiedensten Kommunikationen diskriminierungsfrei zu gestalten: schriftliche und mündliche Kommunikation, Formulare, Stellenausschreibungen, offizielle und eher private Kommunikationen, informelle und formelle Briefe sowie Emails – alles kann genderfrei oder genderinklusiv ausgedrückt werden. Und damit werden dann alle Menschen angesprochen, egal, wie sie sich in Bezug auf Gender verstehen.

Das Praxis-Handbuch kann als Nachschlagewerk benutzt werden und als Inspirationsquelle für unterschiedliche diskriminierungskritische Sprachveränderungen. Es kann selbstverständlich auch von vorne bis hinten gelesen werden. Das Inhaltsverzeichnis bietet mehrere Einstiegsmöglichkeiten. Je nach Ausgangsfrage tauchen daher verschiedene Fragen und Aspekte mehrmals auf.

In Teil 1 des Handbuchs sind die wichtigsten sprachlichen Strategien in Kürze tabellarisch dargestellt. In Teil 2 werden die drei zentralen Sprachveränderungsmöglichkeiten ausführlicher vorgestellt: genderfreie Formen, genderinklusive Formen und Sprachveränderungen, die Genderismus benennen. Teil 3 und 4 veranschaulichen diese Strategien anhand verschiedener Kommunikationssituationen. Teil 5 wendet sie konkret an und präsentiert umgeschriebene Textbeispiele.

Warum überhaupt Sprache verändern? Diskriminierungskritische Sprachveränderungen sind Teil eines respektvollen Seins in Welt und mit Menschen. Das eigene Sprechen und Schreiben bietet jederzeit die Möglichkeit, das Leben aller Menschen miteinander respektvoll zu gestalten. Ich kann alle Ansprachen und Anschreiben daraufhin befragen: Sind sie respektvoll?

Warum überhaupt divers schreiben?
Fakten und Hintergründe

Sprache ist dynamisch. Sprache zeigt immer auch, wie gesellschaftliche Vorstellungen gerade sind. Wenn diese sich verändern, verändert sich auch Sprache und umgekehrt. Das kann für einige unbequem, anstrengend und schwierig sein. Für andere ist es befreiend, Horizonte erweiternd, Anwesenheiten schaffend und schlicht aufmerksam und respektvoll.

Es gibt mehr als nur Frauen und Männer. Viele Menschen fühlen sich nicht wohl damit, als weiblich oder männlich wahrgenommen zu werden. Viele Menschen fühlen sich eingeengt durch diese beiden Geschlechterkategorien. Sie können sich nicht damit identifizieren, sie fühlen sich falsch wahrgenommen und nicht respektvoll behandelt, wenn sie als Frau oder Mann bezeichnet werden.

Wie aber können Menschen benannt werden, ohne Geschlecht aufzurufen? Oder ohne nur zwei Geschlechter aufzurufen?

Es gibt eine ganze Reihe von Begriffen und Ausdrucksweisen, die nach Bezeichnungen jenseits von weiblich und männlich suchen. Diese Sprachveränderungen nehmen die folgenden Kritikpunkte auf:

• Es gibt mehr als Frauen und Männer

Viele Menschen erleben, dass Weiblichkeit und Männlichkeit ausschließende Einteilungen, Kategorien, Identitäten sind, in denen sie sich nicht wiederfinden. Die Idee, dass es nur Frauen und Männer gibt, nennt sich Zweigenderung. Die Vorstellung, dass es Frauen und Männer gibt und sonst nichts, dass Menschen einem dieser zwei Gender zwangszugeordnet werden, heißt Zwangszweigenderung.

- **Gender ist keine körperliche Tatsache.**

Viele Menschen kritisieren die weitverbreitete Vorstellung, dass Geschlecht an dem Körper einer Person bei Geburt ablesbar sein soll.

- **Gender ist nicht unveränderbar und konstant für das ganze Leben.**

Viele Menschen verabschieden sich von der Vorstellung, dass sie in ihrem gesamten Leben in eine von zwei Gendergruppen hineinpassen müssen und sollen.

Die Einteilung von Außen passiert unter anderem dadurch, dass Menschen aufgrund ihres Aussehens, ihres Namens und/oder ihrer Stimme kontinuierlich einer der beiden Gruppen immer wieder neu (zwangs-)zugeordnet werden.

- **Gender ist nicht biologisch, sondern anerzogen (und/oder gewählt).**

Von vielen Menschen wird es kritisch betrachtet, dass Menschen dazu erzogen werden, möglichst in eine der beiden Kategorien hinein zu passen. Diese Erziehung ist so stark und allumfassend, dass geschlechtliche Identität vielen Menschen als natürlich gegeben vorkommt.

- **Geschlechtsverändernde Operationen an Kindern sind Gewalt.**

Viele kritisieren, dass bei inter* Babys und Kindern häufig geschlechtsverändernde Eingriffe und Operationen vorgenommen werden. Dies ist ein massiver Eingriff in das Recht auf Unversehrtheit und geht meist mit einer geschlechtlichen Zwangszuordnung zu weiblich oder männlich einher.

- **Die Zuweisung von Geschlecht bei Geburt, ist eine Form von Zwang.**

Viele Menschen kritisieren, dass in der Gesellschaft in der Regel Menschen bei Geburt (oder sogar davor) ein Geschlecht zugewiesen wird und dass dies ›natürlich‹ sei und Menschen dann ein Leben lang dieses Geschlecht hätten.

- Mensch sein, statt Gender sein.
Viele erleben die Idee, überhaupt über Geschlecht wahrgenommen zu werden, als eine gewaltvolle Zuschreibung. Viele Menschen wollen einfach nur als Menschen wahrgenommen werden – und nicht direkt mit einer sozial aufgeladenen Kategorie wie Frau oder Mann in Verbindung gebracht werden.

Aus allen diesen Kritiken und Erfahrungen, politischen und wissenschaftlichen Diskussionen, vor allem aber aus aktivistischen kollektiven Überlegungen sind in den letzten 30 Jahren eine ganze Reihe von neuen Vorstellungen zu Geschlecht/Gender entstanden.

Geschlecht/Gender:

Wir benutzen in diesem Leitfaden ab jetzt den Begriff Gender. Wir verstehen Geschlecht/Gender als immer sozial hergestellt. Diese Herstellung ist oft so langlebig und unhinterfragt, dass sie vielen Menschen natürlich vorkommt. Was dieses vermeintlich natürliche Gender definiert, wird zeitlich und räumlich unterschiedlich gefüllt. Dies allein zeigt bereits, dass es sich nicht um biologische Tatsachen handelt, sondern es gesellschaftliche Entscheidungen sind, was als natürliches Geschlecht festgelegt wird.

Heute verstehen sich viele Menschen, die traditionelle Vorstellungen von Gender kritisieren und diese Kritik auch in verschiedenen Weisen auch leben, als trans*, transgender, inter*, intergeschlechtlich, intersex, divers, genderqueer, non-binär, enby. Es gibt auch viele Menschen, die sich gar nicht über Gender definieren. Sie bezeichnen sich zum Beispiel als genderfrei, agender, exgendernd oder als »ohne Gender«. Ihnen allen ist gemein, dass sie die Idee herausfordern, Menschen seien ausschließlich Frauen oder Männer, weiblich oder männlich. Wie sie das machen, wie sie sich selbst verstehen – als ein weiteres Geschlecht, als zwischen weiblich und männlich stehend, als wechselnd, als jenseits von Geschlechterlogiken insgesamt, als durch den Staat zugeschrieben, als sich außerhalb befindend… – all das kann variieren.

Wie ist die rechtliche Situation gerade?

Im Dezember 2018 ist eine wichtige Änderung im Personenstandsgesetz in Kraft getreten. Hier heißt es nun, dass es neben den beiden Geschlechtseinträgen »weiblich« und »männlich« auch den Eintrag »divers« geben kann. Dieser Eintrag findet sich auf der Geburtsurkunde jeder Person und im Reisepass. Daraufhin werden Gender-Einträge bei der Krankenkasse, im Sozialversicherungsausweis, beim Finanzamt sowie in zahlreichen weiteren Datenbanken abgeleitet. Die gesetzliche Einführung der Kategorie divers als dritte Option geht auf die gewonnene Klage und Verfassungsbeschwerde einer inter*Person zurück. Sie will insbesondere inter* Personen ansprechen. Der Staat versteht darunter Menschen, die bei Geburt nicht einem von den beiden Geschlechtern weiblich und männlich medizinisch zugeordnet werden können. Die Klage für den Geschlechtseintrag divers setzte sich explizit dafür ein, erwachsenen Personen rückwirkend eine positive dritte Option als Geschlechtseintrag zu ermöglichen.

Statt eines Eintrags divers in der Geburtsurkunde ist es auch möglich, den Eintrag rückwirkend streichen zu lassen. Voraussetzung dafür ist im Moment noch eine medizinische und/oder psychologische Begutachtung, die bestätigt, dass die entsprechende Person eine sogenannte »Variation der Geschlechtsentwicklung« nachweisen kann.

Sowohl »Variation der Geschlechtsentwicklung« als auch »divers« sind keine biologisch-medizinischen Begriffe. Divers als Bezeichnung ist die staatliche Umsetzung der Verordnung zu einer dritten Kategorie durch das Bundesverfassungsgericht. In der Klage für die »Dritte Option« wurde »inter/divers« als Geschlechtseintrag vorgeschlagen. Da es keine einheitlichen Auslegungen dieser Begriffe gibt, entstehen dadurch neue Ausgrenzungen. Viele aktivistische Menschen haben heute den Begriff divers übernommen. Einige kämpfen für den Wegfall aller Gutachten. Andere setzen sich dafür ein, dass die Notwendigkeit sich überhaupt zu Gendereinteilungen verhalten zu müssen, wegfällt. Dies geschieht auf unterschiedlichen gesellschaftlichen Ebenen. Auf juristischer Ebene sind im Moment viele Klagen auf dem Weg oder werden sogar schon vom Bundesverfassungsgericht geprüft. Mit weiteren Veränderungen hin zu einer größeren Diskriminierungsfreiheit ist demnach auch durch den Staat bald zu rechnen. Diese Entwicklungen werden sich auch auf den Sprachgebrauch weiter auswirken.

Weitere Informationen zum aktuellen Stand von Verfassungsklagen und anderen juristischen Entscheidungen dokumentieren beispielsweise die Homepages der Dritten Option und der Aktion Standesamt – Links dazu finden sich am Ende des Handbuchs.

Was ist die längerfristige Utopie hin zu einer diskriminierungsfreien Gesellschaft?

Wir wünschen uns, dass die gesellschaftlichen Strukturen auf verschiedenen Ebenen diskriminierungsfrei werden – so dass alle sich als gleichberechtigte Menschen mit den gleichen Möglichkeiten verwirklichen und leben können. Wir wünschen uns, dass es zukünftig allen Menschen nach eigenem Ermessen – und nicht nach medizinischer und psychologischer Begutachtung – offensteht, ob sie sich als divers, genderfrei, weiblich oder männlich verstehen und zuordnen wollen.

Unsere Vision für menschliche Gleichberechtigung ist also: »So lange es Differenzen gibt, wird es keine Gleichberechtigung geben.« Dies wird der feministischen Juristin Dorothy Kenyon als Aussage zugeschrieben. Soziale Kategorien wie Gender und Race gibt es nur, weil es Diskriminierungsstrukturen gibt wie Genderismus und Rassismus. Solange es also soziale Differenzen (wie Frauen, Männer und divers) gibt, wird es keine Gleichberechtigung von Menschen geben. Eine wichtige Bewegung Richtung Diskriminierungsfreiheit ist es deshalb für uns, diskriminierende Strukturen anzusprechen, statt Menschen zu gendern, zu rassifizieren, Menschen über Nationalität und Alter anzusprechen. Und nicht alles das zu einem pseudo-natürlichen Teil von Menschen zu machen.

23

Unabhängig von der rechtlichen und staatlichen Handhabung und Anerkennung, gibt es jetzt schon die Notwendigkeit, diverse und genderfreie Personen angemessen anzusprechen und anzuschreiben. Das wichtigste Anliegen ist dabei Respekt anderen Menschen gegenüber, der sich in allen Formen alltäglicher Kommunikation ausdrücken kann. Wir wünschen uns ein wertschätzendes Kommunikationsverhalten aller Menschen miteinander. Das bedeutet für uns: Alle respektvoll anzusprechen und mitzudenken – ob in der Anrede einer konkreten Person oder im Schreiben und Sprechen ganz allgemein über Menschen. Möglichkeiten, wie dies konkret praktiziert werden kann, zeigen wir in diesem Handbuch auf.

TEIL 1

Wie schreibe ich divers?
Ein erster Überblick

Drei Strategien für gendergerechtes Formulieren

Meistens gibt es drei konkrete sprachliche Möglichkeiten, um divers und gendergerecht zu schreiben und zu sprechen: genderfrei, genderinklusiv zu formulieren oder Genderismus zu benennen:

I Genderinklusiv sprechen und schreiben:

Darunter fallen Sprachformen, die viele unterschiedliche Gendervorstellungen inkludieren. Diese nennen wir genderinklusive Formen. Genderinklusive Sprachveränderungen sollen Vorstellungen der vier Genderkategorien (divers, kein Eintrag, weiblich und männlich in ihren weitesten Auslegungen) ermöglichen.

II Genderfrei sprechen und schreiben:

Dies sind Sprachformen, in denen Gender nicht vorkommt. Es sind Formen für alle Menschen. Diese Formen nennen wir genderfreie Formen. Auch Menschen, die sich nicht über Gender definieren (agender, genderfreie und exgender Personen), finden sich von diesen Formen am ehesten angesprochen.

III Genderismus benennen:

Dies sind Umformulierungen, die statt Gender oder Gender-Identitäten die dahinter stehende Diskriminierungsstruktur explizit machen: Genderismus. Um Diskriminierungsstrukturen zu verändern, kann es in bestimmten Kontexten wichtig sein, diese konkret zu benennen, statt Genderidentitäten weiter fest- und zuzuschreiben.

Genderismus bezeichnet, in Erweiterung von Sexismus, alle Formen von genderbezogener Gewalt und Diskriminierung. Auf diese Weise wird nicht nur die Gewalt gegen Personen, die sich als Frauen verstehen, sondern auch die Gewalt gegen Menschen, die sich als trans*, Frauen*, non-binär, agender usw. verstehen, benennbar.

Überblickstabellen mit gendergerechten Formen und Beispielen

Auf den folgenden Seiten findest du Tabellen für einen ersten Überblick zu verschiedenen genderinklusiven und genderfreien Formen. Genderismus zu benennen als Strategie benötigt umfangreichere Umformulierungen, die nicht über Tabellen darstellbar sind. Sie finden sich vor allem in Teil 5 bei den umgeschriebenen Textbeispielen.

Genderinklusive und genderfreie Substantive

Konventionelle Sprachform	Genderinklusive Sprachform zum Beispiel mit * : _	Genderfreie Sprachform Person, die … -ens-Form
die Streitschlichterin/der Streitschlichter eine Streitschlichterin/ein Streitschlichter	dier* Streitschlicht*erin di*er Streitschlichter*in	Mensch, der Streit schlichtet dens Streitschlichtens einens Streitschlichtens
Lehrende/Lehrender eine Lehrende/ein Lehrender	di:er Lehr:erin d_ier Lehrer_in ein* Lehr*	Person, die unterrichtet die Lehrperson einens Lehrens
die Diversity-Beauftragte/ der Diversity-Beauftragte	dier_ Diversity-Beauftragte ein_e Diversity-Beauftragte_r	Person, die für Diversity zuständig ist dens Diversity-Beauftragtens
Prof. Dr.	Prof*in Dr*in Prof_ex Dr_ex	… hat eine Professur und ist promoviert Prof.ens Dr.ens
die Dozenten/Dozentinnen die Dozierenden	di:e Dozent:innen	alle, die lehren die Dozierense
Liebe Bürgerinnen und Bürger	Lieb*e Bürg*erinnen Lieb* Bürg*	Liebe Menschen, die in diesem Landkreis leben Liebe Bürgense

31

Genderinklusive und genderfreie Substantive mit Artikeln

	Konventionelle Sprachform	Genderinklusive Sprachform mögliche Beispiele mit * : _	Genderfreie Sprachform
Nominativ	die Erfinderin der Erfinder	dier* Erfind*erin di_er Erfinder_in	der Mensch, der Dinge und Wörter erfindet die Person, die Wörter und Dinge erfindet dens Erfindens
Genitiv	die neuen Wörter der Erfinderin die neuen Wörter des Erfinders	die neuen Wörter der_s Erfinder_in die neuen Wörter ders* Erfind*erin	die neuen Wörter des Menschen, der sie erfindet die neuen Wörter der Person, die sie erfindet die neuen Wörter dens Erfindens

	Konventionelle Sprachform	Genderinklusive Sprachform mögliche Beispiele mit * : _	Genderfreie Sprachform
Dativ	das Handbuch gab der Erfinderin neue Ideen das Handbuch gab dem Erfinder neue Ideen	das Handbuch gab der:m Erfinder:in neue Ideen das Handbuch gab derm* Erfind*erin neue Ideen	das Handbuch gab dem Menschen, der Wörter erfindet, neue Ideen das Handbuch gab der Person, die Wörter erfindet, neue Ideen das Handbuch gab dens Erfindens neue Ideen
Akkusativ	alle hörten die Erfinderin alle hörten den Erfinder	alle hörten dien* Erfind*erin alle hörten die*n Erfinder_in	alle hörten den Menschen, der neue Wörter erfindet alle hörten die Person, die neue Wörter erfindet alle hörten dens Erfindens

Genderinklusive und genderfreie Substantive mit Artikeln und Adjektiven/Attributen

	Konventionelle Sprachform	Genderinklusive Sprachform mögliche Beispiele mit * : _	Genderfreie Sprachform
Nominativ	die weise Friedens-stifterin/der weise Friedensstifter	dier* weise Friedens-stift*erin di*er weise Friedens-stift*erin di_er weis Friedens-stift_erin	der weise Mensch, der Frieden stiftet die Person, die Frieden stiftet und weise ist dens weis Friedens-stiftens
Genitiv	die wichtigen Akti-vismen der weisen Friedensstifterin/die wichtigen Aktivismen des weisen Friedens-stifters	die wichtigen Akti-vismen de_r weisen Friedensstift_erin die wichtigen Akti-vismen des_r weisen Friedensstifer_in	die wichtigen Ak-tivismen der weisen, Frieden stiftenden Person die wichtigen Akti-vismen des weisen Menschen, der Frie-den stiftet

	Konventionelle Sprachform	Genderinklusive Sprachform mögliche Beispiele mit * : _	Genderfreie Sprachform
Dativ	die kollektive Vernetzung gab der weisen Friedensstifterin viel Kraft/die kollektive Vernetzung gab dem Friedensstifter viel Kraft	die kollektive Vernetzung gab de*r weisen Friedensstift*erin viel Kraft die kollektive Vernetzung gab der*m weise*n Friedensstift*erin viel Kraft	die kollektive Vernetzung gab dem weisen Menschen; der Frieden stiftet, viel Kraft die kollektive Vernetzung gab der weisen Frieden stiftenden Person viel Kraft die kollektive Vernetzung gab dens weis Friedensstiftens viel Kraft
Akkusativ	alle hörten auf die weise Friedensstifterin/alle hörten auf den weisen Friedensstifter	alle hörten auf di:e weis:e Friedensstift:erin alle hörten auf die:den weise:n Friedensstifter:in	alle hörten auf den weisen Menschen, der Frieden stiftet alle hörten auf die weise, Frieden stiftende Person alle hörten auf dens weis Friedensstiftens

Genderinklusive und genderfreie Personalpronomen

Konventionelle Sprachform	Genderinklusive Sprachform	Genderfreie Sprachform
er/sie	si*er sier* hen they Y xier *	die Person – sie der Mensch – er dens Mensch – ens das Individuum – es ens
ihm/ihr	ihr:m ihrm: hen them Y xier :	der Person – ihr dem Mensch/en – ihm dens Mensch – ens dem Individuum – ihm ens
ihn/sie	ihn_sie ihnsie_ hen them Y xier _	die Person – sie den Mensch – ihn das Individuum – es ens

Konventionelle Sprachform	Genderinklusive Sprachform	Genderfreie Sprachform
sein/ihr	ihr!sein ihrsein: hen their Y xier !	der Person – ihr des Menschen – sein des Individuums – sein ens
jemand/niemand	jemand*jefrau	jede Person/keine Person jemensch/niemensch
jeder/keiner	jed*er/kein*er	jede Person/keine Person jedens/keinens
man	man_frau* man/frau/divers	mensch ens

Verschiedene Genderselbstverständnisse:
Substantive, Ansprachen und Pronomen

Eine Person versteht sich als …	Ich bin …	So möchte ich angesprochen/ angeschrieben werden …	Mein Pronomen ist (zum Beispiel) …

divers
  inter*
  genderqueer
  trans*
  non-binär
  …
	Aktivist*in
	Coach*
	Friedensstift:erin
	Kauffrau*/Kauf-
	mann*
	Diversity-Beauf-
	tragte*
	Aktivens
		Lieb* Vor- und
		Nachname
		Sehr geehrt* Vor-
		und Nachname
		Guten Tag (Titel)
		Nachname
		Seien Sie gegrüßt
		Hallo/dear
		Ich grüße Sie/dich
			xier
			si_er
			si*er
			Y (why)
			they
			hen
			ens
			dey
			…

genderfrei
  agender
  exgender
  gender-retired
  …
	eine politisch aktive
	Person
	Aktivex
	einens Coach*
	Friedensstiftex
	Kaufmensch
	beauftragt für
	Diversity
	Aktivens
	Beauftrage Person
	für
		Lieb* Vor- und
		Nachname
		Sehr geehrtens Vor-
		und Nachname
		Sehr geehrtens
		Mensch Nachname
		Guten Tag Titel
		Nachname
		Seien Sie gegrüßt
		Hallo …
		Dear …
		Ich grüße Sie/dich
			keins
			der eigene Vorname
			der 1. Buchstabe
			des Vornamens
			ex
			ens
			em
			…

Eine Person versteht sich als ...	Ich bin ...	So möchte ich angesprochen/ angeschrieben werden...	Mein Pronomen ist (zum Beispiel) ...

weiblich
  trans oder cis
  inter oder endo
	Aktivistin
	eine Coach
	Friedensstifterin
	Kauffrau
	Diversity-Beauf-
	tragte
		Liebe
		Sehr geehrte
			sie
			ens

männlich
  trans oder cis
  inter oder endo
	Aktivist
	ein Coach
	Friedensstifter
	Kaufmann
	Diversity-Beauf-
	tragter
		Lieber
		Sehr geehrter
			er
			ens

Sich als genderfrei zu verstehen, kann im Moment sprachlich und im Selbstverständnis verschiedenes bedeuten, unter anderem: Gender als Kategoriensystem aufzugeben oder zu verlassen und diesen Prozess zu betonen. Das wird zum Beispiel durch ex-Formen ausgedrückt. Oder sich nicht auf Gender im Selbstverständnis zu beziehen. Das kann mit ens-Formen ausgedrückt werden. Die gesellschaftliche Wahrnehmung und Vorstellung von Gender ist ein unabschließbarer Prozess, der sich immer weiter verändern wird.

Genderismus zu benennen als dritte Strategie gendergerechten Formulierens ist eine größere Veränderung von Texten und Inhalten. Deshalb passt sie nicht in eine Tabellenform. Beispiele Genderismus zu benennen finden sich unter Punkt III im zweiten Teil und in Teil 5 bei den umgeschriebenen Texten. Auch bei den genderinklusiven Formen wären weitere und ausdifferenziertere Sprachveränderungen möglich, auf die wir später noch eingehen. Wir haben in den Tabellen nur die kürzesten und gängigsten aufgenommen.

TEIL 2

Strategien zum gendergerechten Formulieren im Detail

In diesem Teil werden die verschiedenen Möglichkeiten zur Sprachveränderung, die bereits in den Übersichtstabellen vorgestellt wurden, systematisch und ausführlich nacheinander besprochen.

I Genderinklusive Sprachveränderungen

Genderinklusive Formen sind Wörter, die alle unterschiedlichen Gendervorstellungen inkludieren. Sie umfassen also divers in seiner weitesten Bedeutung, also auch Menschen, die sich nicht über Gender definieren. Ebenso umfassen sie die Kategorien weiblich und männlich. Am gebräuchlichsten ist es im Moment hierfür, Sonderzeichen in die konventionellen Wörter einzufügen. Dazu werden meistens verwendet:

* (Sternchen/Stern oder Asteriks)	Aktiv*istin, Aktivist*in	si*er, sier*
_ (Unterstrich)	Mitarbeit_erin, Mitarbeiter_in	si_er, sier_
: (Doppelpunkt)	Les:erin, Leser:in	si:er, sier:

Dabei können die Sonderzeichen sowohl nach dem Wortstamm, als auch zwischen der konventionell weiblichen und männlichen Form gesetzt werden – darauf gehen wir in zwei der folgenden Abschnitte ein.

Wenn viele genderinklusive Formen mit Sonderzeichen in einem Satz oder Abschnitt vorkommen, kann dies beim Lesen ungewohnt und beim Aussprechen herausfordernd sein. Wir würden vorschlagen, immer eine Aussprachevariante zu wählen, die nicht zu aufwendig ist, sondern einfach auszusprechen. Deshalb ist immer genau abzuwägen, ob in einem Kontext genderinklusive Formen Sinn machen oder genderfreie Formen eine bessere Alternative darstellen.

Zudem rufen genderinklusive Formen immer auch Weiblichkeit und Männlichkeit auf und »alles andere« bekommt den Status eines »Sonder«zeichens. Auch dies ist wichtig, immer mit zu bedenken.

* _ : ? Wie werden Formen mit Sonderzeichen ausgesprochen?

Die Sonderzeichen werden mit einer kurzen Unterbrechung des Wortes gesprochen: Aktiv(kurzePause)istinnen. Diese Sprechweise kommt auch sonst im Deutschen vor: zum Beispiel wird »Spiegelei« mit einer kurzen Unterbrechung gesprochen: Spiegel-Ei. Die Atempause sollte einfach immer so gemacht werden, dass das Wort einfach aussprechbar ist – egal wo das Sternchen im Schriftbild steht.

Manchmal wird das Sternchen auch an Formen angehängt, die sich nur auf Gender beziehen, wie Frau*. Hier wird die Bedeutung des Begriffs Frau erweitert. In diesen Fällen wird das Gendersternchen mitgesprochen: Frau Stern.

Es werden auch noch weitere Sonderzeichen verwendet mit derselben Funktion:

; (Semikolon) Spiel;erin · (Mittelpunkt) Denk·erin

. (Punkt) Klimaheld.in ' (Apostroph) Vision'ärin

! (Ausrufezeichen) Weltrett!erin

Bei Formen, bei denen der Vokal wechselt (Bauer/Bäuerin, Arzt/ Ärztin): einfach die Umlautform als Grundform verwenden: Bäuer*in, Ärz_tin

Es macht Sinn, sich in einem Text für eine Variante zu entscheiden und diese dann durchgängig zu benutzen.

Kommen viele dieser Sonderzeichen nacheinander vor, kann es sein, dass die schriftliche Variante von der Aussprache abweicht:

Unser Projekt braucht ein:en unglaublich schnell:en Organisat:orin

Wir schlagen vor, das so auszusprechen:

[Unser Projekt braucht ein e unglaublich schnell e Organisa torin]

Aktiv*istin: Sonderzeichen am Wortstamm

Sonderzeichen können nach einem gedachten Wortstamm eingefügt werden (Denk*erin). Das betont, dass es um eine Person und deren Handlung (denken) geht – und Gender nachgeordnet ist. Es gibt keine Regel dafür, wo genau ein Wortstamm endet. Faustformel: Wortstamm könnte so etwas wie die Grundform sein (denk), aus der dann ein Verb (denken) oder ein Substantiv (Denk*erin) werden könnte.

Wichtig: Das Sonderzeichen so setzen, dass das Wort leicht durch eine kurze Pause aussprechbar ist. Durch das Sonderzeichen hinter dem Wortstamm wird die Vorstellung aufgebrochen, dass es die beiden Pole Weiblichkeit und Männlichkeit gäbe und dazwischen noch etwas anderes. Zudem wird vermieden, die männliche und hegemoniale Form als Ganzes und ohne Unterbrechung stehen zu lassen und alle anderen »hinten anzuhängen«.

Aktivist*in: Sonderzeichen zwischen den zwei konventionellen Gendern

Das Sonderzeichen kann auch zwischen den traditionell männlichen und weiblichen Formen eingefügt werden (Schreiber*in, si_er). Hier bleibt eine klare Bezugnahme auf die beiden traditionellen Gendervorstellungen weiblich und männlich erhalten.

*, xier, si_er: Genderinklusive Pronomen

Wenn genderinklusive Substantive (z. B. Aktiv*istin) ersetzt werden sollen durch ein Pronomen, gibt es mehrere Möglichkeiten:

- Sonderzeichen können besonders in der Schriftsprache als flexibles Ersetzungskurzwort (Pronomen) verwendet werden, Beispiel: *Di*er Aktiv*istin hat den Autobahnbau verhindert. Die Natur dankte es *.* (Ausgesprochen: »Stern«)

47

- das verwendete Substantiv kann mündlich wie schriftlich immer wiederholt werden (die*r Aktiv*istin)

Wenn es sich um eine konkrete Person handelt, ist es am besten, das von dieser Person bevorzugte Pronomen zu verwenden. Dies kann beispielsweise direkt zu Beginn des Kontakts angefragt werden.

Hallo, ich bin Moth, mein Pronomen ist ex. Welches Pronomen wünschst du dir?

Ansonsten kann auch der Name einfach immer wiederholt werden oder der erste Buchstabe des Vornamens als individuelles Pronomen benutzt werden. Bei schriftlichen Kommunikationen per Email reicht es, den eigenen Pronomenwunsch im Footer der Email deutlich zu machen:

```
Betreff: Reparatur


Sehr geehrtes Team der Reklamations-
abteilung,
ich freue mich hinsichtlich der Reparatur
meines E-Rollis von Ihnen zu hören.

Mit freundlichen Grüßen, Amber Hollingwald


---
Amber Hollingwald, Pronomen: sie*
```

Frühere Sprachveränderungen, die heute nicht mehr als gendergerecht gelten

Binnen-I

Das Binnen-I war eine der ersten, weiter verbreiteten und öffentlich wahrgenommenen Versuche, Sprache genderinklusiver zu gestalten. Es entstand in den 1980er im deutschsprachigen Raum. Aus heutiger Perspektive ist es nicht mehr ausreichend. Denn es drückt aus, dass es genau zwei Gender gibt. Alle anderen, auch Menschen mit Geschlechtseintrag »divers« und ohne Gendereintrag, sind damit ausgeschlossen.

Partizip-Formen (Studierende)

In vielen Kontexten wurden in den 1990er Jahren Partizip-Formen eingeführt, um androgendernde Formen zu ersetzen: Studierende statt Studenten. Im Singular: Studierender/Studierende statt Student/Studentin. Weitere häufig zu findende Beispiele sind: Mitarbeitende und Pflegende sowie Personenbenennungen, die aus Verben abgeleitet sind: Laufende aus laufen, Wartende aus warten usw. Im Singular sind diese Formen weiter zweigegendert (der/die Lesende). Wahrnehmungsuntersuchungen haben gezeigt, dass Partizipialformen in der Mehrzahl (Studierende) vor allem männliche Vorstellungen aufrufen, ähnlich wie die androgendernden Formen (Studenten), die sie ersetzen sollen. Dies könnte also auch eine Erklärung dafür sein, warum diese Form so schnell und kritiklos Eingang gefunden haben in den allgemeinen Sprachgebrauch: Sie fordern diskriminierende Genderbilder und die Zentrierung von männlichen Vorstellungen nicht heraus. Aus diesen Gründen raten wir von dem häufigen Gebrauch dieser Formen ab.

II Genderfreie Sprachveränderungen

Sprache genderfrei zu verändern, bedeutet, Formulierungen zu wählen mit bestehenden Wörtern wie *Person, Mensch, Individuum* – oder neue Formen zu bilden, die sich nicht mehr auf Gender beziehen – egal ob es sich um zwei, drei oder noch mehr Gender handelt.

Formen mit Person, Mensch, Individuum

Die genderfreien Wörter wie *Person, Mensch, Individuum* können dann jeweils mit Adjektiven und Nebensätzen ergänzt werden:

Statt ›eine Aktivistin‹ wäre es möglich zu schreiben:

Eine aktivistische Person
Die Person, die politisch aktiv ist

Die Person, die … / Ein Mensch, der …

Diese Form hat neben dem Loslassen von Gender noch einen anderen Vorteil: nicht alles ist eine Identität, gehört zu der Essenz einer Person:

Ich bin Busfahr*erin

Das könnte alternativ ausgedrückt werden als:

Ich fahre beruflich einen Bus.

Letztere Ausdrucksweise zu verwenden betont die Handlung. Uns macht diese Ausdrucksweise glücklich, weil sie auf mehreren Ebenen neue Wahrnehmungen eröffnet. Menschen sind mehr als ihre Lohnarbeit, Menschen tun unterschiedliche Dinge und sind nicht festgeschrieben auf Berufe oder soziale Identitäten.

Was machst du beruflich? – Ich bin Reinigungskraft.

Daraus wird:

Wie verdienst du dein Geld/wie versorgst du dich?
– Ich putze professionell.

Was bist du von Beruf? – Ich bin die Putzfrau von Familie C.

Daraus wird:

Ich bin die Person, die bei Familie C. fürs Putzen angestellt ist/gegen Bezahlung putzt.

Oder:

Ich bin bei Familie C. fürs Putzen angestellt.

Eine solche Ausdrucksweise eröffnet auch neue Bezugnahmen und Wahrnehmungen.

Statt *»Was arbeitest du?«* und der Antwort *»Ich bin ...«* legt *»die Person, die«* nahe, andere Fragen zu stellen. Nur, wenn es uns konkret interessiert, was die Lohnarbeit und der Verdienst der Person ist, fragen wir: *»Was arbeitest du?«* Wenn es uns aber interessiert, was der anderen Person wichtig ist, dann fragen wir:

Was beschäftigt dich gerade? Worüber identifizierst du dich? Was ist dir wichtig?

ens: Eine neue genderfreie Form

Wir finden: Es braucht eine neue Form, um sich genderfrei auf Menschen zu beziehen. Um nicht immer weitere Formen mit unterschiedlichen Identitäten schaffen zu müssen. Um eine allgemeine Form für alle Menschen zu haben. Um eine einfache Möglichkeit zu haben, sich genderfrei auszudrücken.

Die Gesellschaft befindet sich gerade im Umbruch in Bezug auf Genderwahrnehmungen – zum einen werden Gendervorstellungen immer diverser. Zum anderen wird immer deutlicher, dass Gender an sich eine Konstruktion ist. Diese machtvolle Kategorie aufzulösen ist eine große Herausforderung für die Gesellschaft. Eine so große Veränderung kann nicht durch bekannte Sprachformen ausgedrückt werden. Es bedarf einer größeren sprachlichen Neuerung. Wir schlagen als genderfreie Sprachveränderung die Einführung einer neuen Form vor: ens/ense.
(Das e wird kurz gesprochen: enns.)

Ens/Ense ist dafür geeignet, einzelne Personen oder mehrere Menschen zusammen genderfrei zu benennen. Ens ist der Mittelteil aus Mensch (M<u>ens</u>ch) und kann problemlos an Substantive angehängt und als Pronomen verwendet werden. *Was macht ens beruflich? Ens kocht professionell auf Festivals und linken Demos/Ens ist Politköchens.* Immer, wenn eine ens-Form benutzt wird, handelt es sich also um eine Bezugnahme auf einen Menschen; bei -ense auf mehrere Menschen. Ens/e sind Endungen an Substantiven (Köchens/e) und auch Pronomen (ens kocht). Ens ist auch eine Endung von Adjektiven (gutens Köchens). Wir fügen ens als Endung für Menschen jeweils am Wortstamm an:

Konventionelle & genderinklusive Form Singular/Plural	ens als Endung am Wortstamm Singular/Plural
Les*erin/Les*erinnen	Lesens/Lesense
Aktivist_in/Aktivist_innen	Aktivistens/Aktivistense
Köche/Köchinnen/Köch*innen	Köchens/Köchense
Doktorin/Doktorinnen	Doktens/Doktense
Direktor/Direktoren	Direktens/Direktense

Dass viele dieser Formen zunächst ungewohnt wirken, zeigt, wie stark die Vorstellung in unserem Denken verankert ist, dass eine sprachliche Bezugnahme auf Männer die allgemein-menschliche Grundform sei. Das ist eine zentrale sprachliche Diskriminierungsweise, die durch die ens-Form nach dem Wortstamm herausgefordert wird. Statt *Aktivistens* schlagen wir daher *Aktivens* vor.

Ens-Formen verzichten auf die grammatikalischen Genera feminin/maskulin/neutrum. Dadurch sind sie einfach zu lernen und zu gebrauchen.

Anliegen der ens-Form ist es, eine einfache Lösung zu haben, um sich genderfrei auszudrücken. Deshalb ist die Form in allen Fällen und für alle Anwendungen identisch – im Singular als -ens, im Plural als -ense. Unterschieden wird nur zwischen bestimmtem (dens) und unbestimmtem (einens) **Artikel im Singular.**

Dens Radfahrens vor mir hat die ganze Zeit gesungen. Ens kannte viele aktivistische Lieder.

Ein **Adjektiv** (z. B. singend) muss nur eine ens-Endung bekommen, wenn es nicht schon einen Artikel gibt mit dieser Endung:

Dens singend Radfahrens.
Singendens Radfahrens gesucht!

Nachfolgend einige Sätze, in denen die verschiedensten Varianten für ens vorkommen:

Wens gehört das Rad? – Es ist ens Rad.
Haben alle solche Räder?
Ja, alle aktiven Radfahrens aus ens WG haben so ein Rad.
Einens ander Mitbewohnens hat sogar zwei Räder.
Ist die ganze WG autofrei?
Ja, diese gut organisierten Radfahrens haben sich auch deshalb als WG gefunden.

Im **Plural/Mehrzahl** ist nur das Substantiv mit einer ens-Endung versehen.

Drei Radfahrense singen laut und gerne.
Alle singenden Radfahrense lieben Rad-Demos.

Anliegen der ens/ense-Formen ist es, eine einfache Lösung zu haben, um sich genderfrei auszudrücken.

Dense solidarisch Rechtsberatense haben eine Kollekti-
vausbildung absolviert.
Wann immer ein Mensch solidarisch Rechtsberatens wer-
den möchte, muss ens eine Ausbildung im Rechtskollektiv
machen.

Auch das allgemeine Substantiv Mensch, aus dem die Form ja
abgeleitet ist, wäre durch ens als Pronomen ersetzbar:
der Mensch – ens

Die ens-Form wird auch in anderen Formen, die sich **allgemein**
auf Menschen beziehen, verwendet:

Niemens/Niemensch will woanders sein, als auf der Demo!
Jemens/Jemensch von der WG sollte Teil der solidarischen
Diskussionsgruppe werden.
Jedens kann politisch verantwortlich handeln. Keinens ist
unpolitisch.

Oder – wie Hannah Arendt es ausdrückt (in der genderfreien
Version von uns):

Keinens hat das Recht zu gehorchen.

Bei **Partizip-Formen** würde lediglich der Artikel zu ›dens‹ oder
›ens‹ verändert, wie in dem Zitat von Rosa Luxemburg:

Freiheit ist immer die Freiheit dens Andersdenkenden.

Tabelle: Verwendungen von ens-Formen

	Genderfreie ens-Formen	Genderinklusive Formen
Endung an Substantiven im Singular	Aktivens	Aktivist*in
Endung an Substantiven im Plural	Genossense	Genoss*innen
Unbestimmter Artikel Singular	einens Klimaschützens	ein*e Klimaschütz*erin
Bestimmter Artikel Singular	dens Baumpflegens	di*er Baumpfleg*erin
Bestimmter Artikel Plural	die Politkünstlense	die Politkünst*lerinnen
Personalpronomen 3. Person Singular Nominativ	ens	si_er sier*
Personalpronomen 3. Person Singular Dativ	Dens Kanzlens übergab ens die Leitung des Ökologie-Utopie-Ministeriums.	Der*die Kanz*lerin übergab ihm*ihr die Leitung des Ökologie-Utopie-Ministeriums.
Personalpronomen 3. Person Singular Akkusativ	Dens Ministens berief ens als Leitung der Freien Schule.	Dier* Minist*erin berief sie*ihn als Leitung der Freien Schule.
Reflexivpronomen	sich	sich

→

←

	Genderfreie ens-Formen	Genderinklusive Formen
Possessivpronomen	ens politische Einstellung	sein*ihre politische Einstellung
Indefinitpronomen	mensch ich du	frau*man frau/man/divers
Weitere Formen	jedens fähig Mediatens	jede*r fähig*e Mediator*in
	keinens	keine*r
	niemensch	niemand*frau
	jemensch	jemand*frau
Fragepronomen	wens?	wer, wem, wen, welche*n …?
Adjektive	Wir suchen einens aktivistisch Lehrens. Aktivistisch Lehrens gesucht!	Wir suchen ein*en aktivistische*n Lehrer*in. Aktivistische* Lehr*erin gesucht!

Die Tabelle zeigt: genderinklusive Formen sind häufig länger – zudem rufen manche von ihnen sehr stark Männlichkeit und Weiblichkeit auf (jemand*frau). Dies muss bei der Verwendung immer mit bedacht werden.

Diverse Menschen konkret als divers benennen

Menschen einheitlich genderfrei zu benennen hat viele Vorteile: es ermöglicht uns, uns auf Menschen zu beziehen, auch wenn wir nicht wissen, wie sie sich in Bezug auf Gender verstehen. Auch ist es oft einfacher zu lesen und zu verstehen, weil ich nur eine Form brauche. Nicht immer aber ist es politisch sinnvoll und respektvoll, genderfrei zu sprechen. Grundlegend ist für uns, Menschen in ihren Selbstvorstellungen zu akzeptieren und zu respektieren. Das gilt insbesondere für Menschen, die diskriminiert werden. Manche Diskriminierungsformen, wie Rassismus, oder Behindert-Werden können sich auch darüber ausdrücken, dass Menschen Gender abgesprochen wird. Das betrifft sowohl Frau-Sein und Mann-Sein, als auch nicht-binäre und genderfreie Selbstverständnisse. Wenn also Personen, die über Genderismus und/oder andere Machtstrukturen diskriminiert werden, beispielsweise als Frauen, Frauen*, trans*, inter*, Männer, Männer*, als genderfrei oder agender benannt werden wollen, dann ist das auf jeden Fall ernst zu nehmen und umzusetzen.

Manchmal kann es auch sein, dass ein genderfreies Formulieren Diskriminierungen versteckt – und in dem genderfreien Formulieren so eine Wirklichkeitsvorstellung hergestellt wird, die Diskriminierungen nicht wichtig nimmt, sie ignoriert oder sogar verstärkt auf diese Weise.

Ein Beispiel:

Menschen fühlen sich am wohlsten, wenn sie nachts nur mit einer Hängematte ausgestattet auf einer Lichtung in einem einsamen Wald schlafen.

In diesem Satz wird ignoriert, dass in Abhängigkeit von erlernten Genderrollen und faktischen Gewaltverhältnissen nicht alle Menschen ein gleichermaßen unvoreingenommenes Verhältnis zu einer einsamen Nacht in einem Wald haben können. Hier werden Genderismus und weitere Gewaltverhältnisse also eher verdeckt durch eine allgemeine Aussage.

Darüber hinaus gibt es Äußerungssituationen, in denen es wichtig ist Gender differenziert zu benennen:

Obwohl ich Doktorin der Philosophie bin, wird meine Kompetenz am Institut immer wieder in Frage gestellt.

Obwohl ich Doktex der Philosophie bin, wird meine Kompetenz am Institut immer wieder in Frage gestellt.

In beiden Beispielsätzen könnte es sein, dass die Infragestellung Teil genderistischer Gewaltnormalitäten ist. Dies würde in einer genderfreien Ausdrucksweise nicht deutlich oder nicht als Möglichkeit eröffnet:

Obwohl ich Doktens der Philosophie bin, wird meine Kompetenz immer wieder am Institut in Frage gestellt.

Es ist also immer wichtig sich zu fragen, was relevant gesetzt und was als wichtig erachtet wird durch eine Aussage. In vielen Fällen macht es Sinn, Genderzuschreibungen zu vermeiden. In manchen Fällen – wenn es sich um die Benennung von Genderismus handelt – macht es Sinn, diverse Personen explizit als divers zu benennen. Weitere Möglichkeiten Genderismus zu benennen, ohne die Kategorie Gender zu reproduzieren werden in dem Kapitel III ›Genderismus benennen‹ vorgestellt.

ex-Formen

Sich nicht über Gender zu verstehen, ist im Moment in dieser Gesellschaft (noch) eine Ausnahme. Das bedeutet, dass es in bestimmten Äußerungssituationen wichtig sein kann, genau dies explizit zu machen – um nicht die Möglichkeit, dass es sich um eine genderfreie Person und Realität handelt, unter den Tisch fallen zu lassen. Ex steht für Exit Gender, ein Verlassen von Gender als Zuordnungskategorie. Ex-Formen werden von Menschen verwendet, die aus Gender als Identität aussteigen. Um genau diese Personen zu benennen, schlagen wir die Verwendung von ex-Formen vor. Das heißt, wenn ich mich in einer Äußerung konkret auf eine Person beziehen will, die sich klar nicht über Gender versteht und dies explizit benannt werden soll, bietet sich statt der Verwendung von Wortformen mit Sonderzeichen oder von genderfreien Formen die Endung -ex an. Ex wird am Wortstamm statt der männlichen oder weiblichen Variante angehängt:

> *Als Podiums-Teilnehmex habe ich deutlich weniger Redezeit bekommen, als die übrigen Podiums-Teilnehm*erinnen.*

Durch so eine Formulierung wird deutlich, dass die Redezeitverteilung hier als genderistische Diskriminierung wahrgenommen wird.

Umformulierungen für ›man‹

mensch

Als Indefinitpronomen verwenden wir ›mensch‹:

Statt: *Wann hat man schon mal die Möglichkeit, so einfach politisch wirkungsvoll zu handeln?:*

> *Wann hat mensch schon mal die Möglichkeit, so einfach politisch wirkungsvoll zu handeln?*

Passivformulierungen

Eine andere, häufiger zu findende Umschreibung sind Passivformulierungen:

> *Wann gibt es schon mal die Möglichkeit, so einfach politisch wirkungsvoll zu handeln?*

Passivformulierungen machen die Aussage indirekter und unpersönlicher als es eine direkte Ansprache wäre.

Direkte Ansprachen

Meistens ist es auch gut möglich, die Form ›man‹ durch direktes Reden über sich selbst oder durch eine direkte Ansprache an das Gegenüber zu ersetzen:

> *Wann habe ich schon mal die Möglichkeit, so einfach politisch wirkungsvoll zu handeln?*

> *Wann hast du schon mal die Möglichkeit, so einfach politisch wirkungsvoll zu handeln?*

Diese Neuformulierungen zeigen, dass wir ›man‹ häufig verwenden, um uns indirekter auszudrücken. Es könnte interessant sein zu versuchen dies zu verändern und zu überlegen, was eine Neuformulierung für Auswirkungen hat.

ens

Auch ens kann statt ›man‹ genutzt werden. Im letzten Teil des Buches gibt es Beispiele für Textumschreibungen mit ens.

Weitere Pronomen

Pronomen kommen immer und überall vor. Deshalb ist im Folgenden ein Überblick über verschiedene Formen in ihren genderfreien und genderinklusiven Varianten mit Beispielen zu finden.

Jede_r, kein*e und irgendjemensch

> *Keiner hat irgendjemandem seine Meinung aufzudrücken. Jeder ist sein eigener Chef.*

Dies könnte genderfrei umformuliert werden in:

> *Keine Person hat irgendeiner anderen Person die eigene Meinung aufzudrücken. Jede Person ist für sich selbst verantwortlich.*

Genderinklusiv wird daraus:

Keine!r hat irgendjemand!frau die eigene Meinung aufzudrücken. Jede!r ist sein!ihr eigen!er Chef!in.

Genderfreie und genderinklusive Varianten sind auch kombinierbar. Dies variiert den Text und vermeidet, dass es vielleicht zu viele Sonderzeichen an einer Stelle gibt.

Kein*er hat irgendjemensch die eigene Meinung aufzudrücken. Jedens ist für sich selbst verantwortlich.

Mein, dein oder ens: Possessivpronomen

Für besitzergreifende Fürwörter oder Possessivpronomen können häufig Formulierungen mit ›eigen‹ gewählt oder das Pronomen kann ganz weggelassen werden:

Wenn ein Bewohner des Genossenschaftshauses seinen Schlüssel nicht dabei hat, kann er bei den Gemeinschaftsräumen klingeln.

Genderfrei umformuliert wird daraus:

Wenn eine in dem Genossenschaftshaus wohnende Person den eigenen Schlüssel nicht dabei hat, kann ens bei den Gemeinschaftsräumen klingeln.

Genderinklusiv könnte dies lauten:

Wenn ein*e Bewohn*erin des Genossenschaftshauses sein*ihren Schlüssel nicht dabei hat, kann si*er bei den Gemeinschaftsräumen klingeln.

Die durch das Pronomen ausgedrückte Besitzanzeige ergibt sich häufig auch aus dem Satz selbst und kann dann weggelassen werden:

> *Wenn eine in dem Genossenschaftshaus wohnende Person den Schlüssel nicht dabei hat, kann ens bei den Gemeinschaftsräumen klingeln.*

Wens? Fragepronomen

Die Fragepronomen ›wer‹, ›wen‹ und ›wem‹ rufen häufig männliche Vorstellungen auf. Im Satzverlauf werden sie jeweils durch Pronomen ersetzt, die ebenfalls vorwiegend Bilder von Männern aufrufen. Dies kritisierte Luise F. Pusch bereits in den 1980er Jahren anhand der folgenden Beispielsätze:

- *Wer hat seinen Lippenstift im Bad vergessen?*
- *Wer schon mal schwanger war, weiß, dass jeder seine Schwangerschaft anders erlebt.*

Diese Beispielsätze klangen damals absurd – vor der breiten gesellschaftlichen und sprachlichen Auseinandersetzung mit nicht-binären und trans* Verständnissen. Aus heutiger Perspektive können auch Menschen, die sich als männlich verstehen, schwanger sein und Lippenstift benutzen. Die Verallgemeinerung von Männlichkeit durch diese Pronomen bleibt aber trotzdem erhalten und schließt viele Menschen sprachlich aus. Deshalb ist es nach wie vor wichtig, Fragepronomen zu verändern.

Ein Beispiel:

> *Kann mir jemand sagen, wer sein Rad mitten vor den Eingang gestellt hat?*

Genderinklusiv könnte dies umformuliert werden in:

Kann mir ein*e sagen, welch*e ihr*sein Rad mitten vor den Eingang gestellt hat?

Genderfrei kann das Pronomen wens benutzt werden:

Könnt ihr mir sagen, wens das Rad mitten vor den Eingang gestellt hat?

Wens-Formen sind immer gleich und ohne grammatisches Geschlecht, also genuslos. Dadurch sind sie einfach zu benutzen und auszusprechen.

Zusammenfassung

Genderfreie Formen eröffnen die Möglichkeit eine neue Wirklichkeit vorstellbar zu machen – eine Wirklichkeit, in der Menschen als Menschen verstanden und nicht primär über soziale Rollen wie Gender wahrgenommen werden. Dies wäre eine Wirklichkeit, die nicht durch Genderdiskriminierungen geprägt und hervorgebracht ist. Genderfreie Formen zu verwenden, wenn ich über eine andere Person spreche, macht es auch möglich, die eigene Aufmerksamkeit zu verändern. Ich kann mich fragen: Worauf fokussiere ich meine Wahrnehmung und die von anderen? Wenn es beispielsweise darum geht, dass ich erzählen möchte, dass eine andere Person die letzte Packung Erdbeeren vor mir gekauft hat, spielt Gender keine Rolle. Es kann aber auch sein, dass ich ein Verhalten über Genderrollen einlese. Das ist dann eine Interpretation, die ich in dieser Situation vielleicht machen will. Zum Beispiel wenn ich eine Auseinandersetzung zwischen einer Person, die an der Kasse sitzt und einer Person, die bezahlt, wiedergeben möchte, kann es sein, dass Gender – oder genauer: Genderismus, also die Zuschreibung von Genderrollen, Verdienst- und Arbeitsstrukturen, Vorstellungen darüber, wie Personen behandelt werden ›dürfen‹ – eine Rolle spielt. Möglichkeiten, wie Diskriminierungen benannt werden können, ohne Genderrollen immer wieder aufzurufen, sprechen wir im nachfolgenden Teil an.

III Genderismus benennen

Gender zuzuschreiben heißt, Gender auch immer wieder neu herzustellen – solange es Genderidentitäten, -kategorien und -zuschreibungen gibt, wird es auch Genderismus geben. Daher kann es häufig wichtig und grundlegend sein, statt Menschen Gender im Reden und Schreiben zuzuschreiben, die Diskriminierungsstruktur – also Genderismus – anzusprechen.

Genderismus ist eine Erweiterung von Sexismus – und meint alle Diskriminierungen, die über Gender stattfinden. Also auch Diskriminierungen gegen trans*, inter* und genderfreie Personen.

Frauen verdienen durchschnittlich immer noch weniger Geld als Männer.

Dies kann Genderismus benennend so ausgedrückt werden:

Menschen, die durch Genderismus diskriminiert werden, erleben dies auch über eine durchschnittlich geringere Bezahlung als Männer/als Menschen, die durch Genderismus privilegiert werden.

Lohn ist ein Ausdruck genderistischer Unterdrückung. Personen, die über Gender diskriminiert werden, verdienen weniger als Personen, die privilegiert sind.

Männliche Privilegien zeigen sich auch im genderistischen Lohngefälle mit immensen weiteren Auswirkungen. Diskriminierung über Genderrollen drückt sich auch aus in ungleichen Bezahlungen.

Ungleiche Bezahlung ist Ausdruck von Diskriminierung, dies gilt insbesondere für ein Zusammenspiel der Diskriminierungsformen Genderismus, Rassismus, Klassismus und BeHindert-Werden.

Es wird deutlich: solche Umformulierungen setzen jeweils neue und damit von konventionellen Wahrnehmungen abweichende Schwerpunkte:

- Sie benennen die diskriminierte Position als Effekt der Diskriminierung und nicht als soziale, vorgeblich neutrale Identität. Das ist in dem konkreten Beispiel die Bezugnahme auf ›durch Genderismus Diskriminierte‹ statt auf ›Frauen‹.
- Sie eröffnen so, dass nicht nur Frauen über Genderismus diskriminiert werden, sondern auch weitere Personengruppen wie trans*, inter* und genderfreie Menschen.
- Sie benennen Privilegierungen und die privilegierte soziale Rolle. Das ist in diesem konkreten Beispiel Männlichkeit als Privilegierung. Auf diese Weise wird auch die Machtstruktur (Genderismus) benannt, die unterschiedliche soziale Genderrollen schafft und immer weiter zementiert.
- Sie benennen die Auswirkungen von Diskriminierungsstrukturen auf konkrete Sachverhalte. Das ist in diesem Beispiel Lohn und Lohnunterschiede.

Ein weiteres Beispiel:

Frauen sind nun mal emotionaler.

wird zu:

Personen wird über das Zu- und Absprechen von Emotionalität Weiblichkeit und Männlichkeit zugeschrieben.

Menschen werden als mehr oder weniger emotional und dadurch als weiblich oder männlich wahrgenommen.

Zu der gesellschaftlichen Herstellung von Gender gehört, dass Weiblichkeit und Männlichkeit mit jeweils unterschiedlichen Möglichkeiten des emotionalen Ausdrucks verknüpft werden.

Es ist ein Teil von Genderismus, bestimmte Menschen als emotionaler als andere – die Privilegierten – aufzufassen, dies pauschal zuzuschreiben und daraus Kompetenzen und Verhalten abzuleiten und machtvoll zu bewerten.

Aussagen und Verhalten als emotional herzustellen, funktioniert als eine Form der Abwertung. Diese ist eng verknüpft mit gender-basierter und intersektionaler Diskriminierung.

In den Beispielen wird deutlich, dass Genderismus zu benennen als Sprachveränderungsstrategie bedeutet, nicht nur einzelne Wörter zu ersetzen. Teilweise sind größere Umschreibungen notwendig. Dass dies bei der Thematisierung von Diskriminierungsstrukturen der Fall ist, zeigt, wie wenig dies im allgemeinen Sprachgebrauch eingeübt und normal ist – und wie stark stattdessen sozial geschaffene Genderrollen als natürlich und selbstverständlich im Sprechen und Schreiben dargestellt werden.

Eine Gesellschaft, die nicht mehr genderistisch diskriminiert, würde Menschen auch nicht automatisch Gender zuschreiben. Dahin ist es noch ein längerer Weg. Veränderte Sprachhandlungen sind ein Schritt in diese Richtung.

Sprachveränderungsstrategien unter dem Aspekt Barrierefreiheit

In der Sprache möglichst viele Menschen zu berücksichtigen, bedeutet für uns auch, Sprache und Sprachveränderungen barrierefreier zu gestalten. Dies betrifft sowohl Überlegungen zu Vorleseprogrammen (Screenreadern), als auch zu Leichter Sprache.

Menschen, die sich Schriftsprache vorlesen lassen, weil sie nicht oder schlecht sehend lesen können, verwenden dafür oft Vorleseprogramme. Bei genderinklusiven Wörtern mit Sonderzeichen (Denk*erin) stellt sich dabei die Frage, wie diese von den Vorleseprogrammen ausgesprochen werden. Dies lässt sich jedoch nicht allgemein beantworten und variiert je nach Programm und insbesondere auch durch die Programmeinstellungen. Viele Programme können so eingestellt werden, dass Sonderzeichen, Satzzeichen, nur eins, beides, oder nichts davon vorgelesen werden. Wenn beides nicht vorgelesen wird, wird über alle Zeichen hinweggelesen (Denkerin). Bei Apostroph und Doppelpunkt beispielsweise wird bei einigen Vorleseprogrammen eine kurze Pause gemacht (Denk erin), je nach Einstellung werden sie bei einigen Vorleseprogrammen jedoch auch als »Apostroph« und »Doppelpunkt« vorgelesen (Denk Doppelpunkt erinnen). Werden nur Sonderzeichen vorgelesen, würde das Sternchen als Stern vorgelesen. Aktiv*istinnen wird dann als »Aktiv Stern istinnen« gelesen. Durch die unterschiedlichen Programme und Einstellungen, kann das Lesen von genderinklusiven Sprachformen den eigenen Bedürfnissen weitgehend angepasst werden. In Punktschrift ist das Sternchen die sinnvollste Variante – viele andere Sonder- oder Satzzeichen haben in Punktschrift eine andere

Funktion, so dass sie nicht als genderinklusive Sonderzeichen funktionieren würden. Bei genderfreien Formen und bei dem Benennen von Genderismus gibt es nichts, was für die Vorleseprogramme spezifisch zu berücksichtigen wäre.

Es wird häufig diskutiert, ob gendergerechte Sprache mit Leichter Sprache vereinbar ist. Menschen, die auf Leichte oder einfachere Sprache angewiesen sind, möchten auch an aktuellen Debatten und gesellschaftlichen Veränderungen teilhaben. Insbesondere für (nicht-binäre, ex-gendernde, diverse) Menschen, die auf Leichte Sprache angewiesen sind, ist es wichtig, dass sie in der Sprache vorkommen. Für gendergerechte Leichte Sprache gibt es unterschiedliche Handhabungen. Egal für welche der genderinklusiven oder genderfreien Formen Sie sich entscheiden, ist es jedoch wichtig, diese im Text (z. B. in einer Info-Box in Leichter Sprache) zu erklären. Dasselbe gilt auch für Fachbegriffe und andere sprachliche Entscheidungen. Ein Beispiel dazu gibt ein Zeitungsartikel der taz, der in der Linkliste ganz hinten im Handbuch aufgeführt ist.

TEIL 3

Alltägliche
Kommunikationssituationen
gendergerecht
gestalten

Es gibt unzählige sprachliche Situationen, in denen wir uns auf Menschen beziehen: als Einzelpersonen, als Gruppe, ich kenne die Person, ich kenne die Personen nicht, ich spreche sie direkt an, ich spreche über sie ... Im Folgenden haben wir eine Übersicht mit Bespielen und konkreten Vorschlägen zusammengestellt. Ganz am Ende des Handbuchs in Teil 5 gibt es dann nochmal Beispieltexte aus Zeitungen und Werbetexten, die wir genderfrei und genderinklusiv umgeschrieben haben.

Guten Morgen M. Ismael!

→ Wie spreche oder schreibe ich eine Person an, von der ich nicht weiß, wie sie sich gendermäßig versteht?

Die einfachste Lösung: **Vor- und Nachnamen verwenden.**
Um nicht sprachlich zu diskriminieren, setzt sich eine Ansprache über Vor- und Nachnamen immer mehr durch. Je nachdem, wie formell die Situation ist, stehen unterschiedliche Begrüßungsformeln zur Wahl:

- *Hallo Ahma Weika*
- *Seien Sie gegrüßt Ahma Weika*
- *Sehr geehrt* Ahma Weika*
- *Dear Ahma Weika*
- *Lieb* Ahma Weika*
- *Liebe*r Ahma Weika*
- *Liebens Ahma Weika*

Eine etwas formellere, weniger private Ansprache ist, den **Vornamen abgekürzt** zu verwenden, dies eignet sich vor allem in schriftsprachlicher Kommunikation:

- *Guten Tag A. Weika*

Eine weitere Möglichkeit: Nur die **Begrüßungsformel verwenden, ohne Namen:**

- *Guten Morgen!*
- *Hallo!*
- *Seien Sie gegrüßt!*
- *Sei gegrüßt!*
- *Ich grüße Sie/dich!*

Eine dritte Option: **Anreden »Herr« und »Frau« durch »Mensch« oder »Person« ersetzen.** Dies kann vor allem in schriftlichen, eher formelleren Kommunikationen respektvoll sein. Denn dort fühlen Personen sich manchmal respektlos angesprochen, wenn der Vorname verwendet wird.

- *Guten Tag Mensch Kilic*
- *Guten Tag Person Kilic*

Noch eine andere Möglichkeit ist es **Sternchen- oder ens-Formen zu verwenden.** Diese werden in die Funktions- oder Berufsbezeichnungen eingefügt:

- *Sehr geehrte*r Doktor*in Kubiakowska*
- *Guten Tag Patien*tin Waters*
- *Seien Sie gegrüßt, Doktens Kubiakowska*
- *Sehr geehrtens Doktens Waters*
- *Sehr geehrt Prof.ens Dr.ens A. Kubiakowska*

Was auch möglich ist: Die **Person zu fragen, wie sie ange-sprochen und angeschrieben werden möchte** – und dabei gleichzeitig die eigenen Ansprache-Wünsche zu äußern:

> *Seien Sie gegrüßt! Mein Name ist Kim Nelke, sprechen Sie mich gerne mit K. Nelke an. Wie darf ich Sie ansprechen?*

Dieses Verfahren eignet sich auch hervorragend in Gruppensituationen, in denen alle sich zu Beginn vorstellen. Dies wird häufig Pronomenrunde genannt: Neben dem für diese Situation gewünschten Namen äußern alle nacheinander auch ihren Pronomenwunsch oder schreiben beides auf ein Namensschild. Auf diese Weise kommt es nicht zu einseitigen Outings oder Stigmatisierungen. Alle können so auch überlegen, welches Pronomen sie in der Situation für sich von anderen benutzt haben wollen. Privilegierte haben die Chance, durch eine solche Pronomenrunde zu merken, dass die Verwendung eines bestimmten Pronomens durch andere für sie nicht selbstverständlich ist. An Pronomenrunden teilzunehmen, ist auch eine Frage des Respekts gegenüber denjenigen, die dauernd falsch pronominalisiert werden.

Guten Tag meine Lieben! Liebe Leute!
→ Wie spreche ich mehrere Personen zusammen an, ohne Menschen gendermäßig auszuschließen?

Möchte ich mehrere Personen zusammen anschreiben oder ansprechen, verwende ich Pluralformen. Die sind häufig einfach so zu gestalten, dass sie nicht diskriminieren. Es gibt zum Beispiel viele Pluralformen, die Gender gar nicht benennen. Dazu gehören Leute, Personen, Menschen.

- *Liebe Leute!*
- *Sehr verehrte Menschen meiner Kiezgruppe!*
- *Guten Abend liebe Menschen, die ihr heute hier seid!*

Auch der Verzicht auf Substantive, die sich auf Personen beziehen, ist hier möglich:

- *Hallo ihr Lieben!*
- *Guten Tag euch allen!*
- *Guten Tag!*
- *Hallo in die Runde!*

Je nach Kontext und Situation gibt es hier noch viele weitere Möglichkeiten:

- *Sehr geehrtes Team der Food-Coop!*
- *Guten Morgen liebe Mitstreit*erinnen des Klima-Bündnisses!*
- *Liebes Redaktionsteam der Soli-Knast-Zeitung!*
- *Liebe Belegschaft des Krisentelefons!*
- *Liebe Menschen vom Kneipenkollektiv/bei der Nachbarensschaftshilfe!*
- *Guten Tag liebe Kolleg*innen, …*
- *Liebes Kollegium, …*
- *Hallo Beschäftigte der Solidaritätsstiftung, …*
- *Liebe weitere Teilnehmens in meiner Wie-wollen-wir-leben-Gruppe!*

Die Auszeichnung geht an dich/ Melach Mathioszek/eine Person, die …

→ Wie spreche ich über eine andere Person, von der ich nicht weiß, wie sie sich gendermäßig versteht?

Dies ist eine der häufigsten Kommunikationsanlässe, in denen konventionell Gender aufgerufen wird. Mögliche Beispielsituationen sind:

- Ich will einen Text schreiben und darin über eine andere Person berichten.
- Ich treffe mich mit Aart und will etwas über Beert erzählen.

Hier gibt es viele verschiedene Formulierungsmöglichkeiten:

A   Ich kenne den Namen der Person

Wenn es eine konkrete Person ist, kann der Name immer wiederholt werden:

> *Cal ist gestern nicht zu dem Treffen der Radfahr-Initiative
> gekommen. Cal hat Mel gesagt, dass Cal für eine Nahbe-
> ziehungsperson einkaufen wollte.*

Der Name kann auch durch ein Pronomen ersetzt werden, welches entweder viele gendermäßige Selbstverständnisse abdeckt
oder genderfrei ist. Pronomen brauche ich dann, wenn ich ein
Substantiv mit einer Kurzform ersetzen will.

Genderinklusive Pronomen

> *Cal ist gestern nicht gekommen. Si*er hat Mel gesagt, dass
> si*er für eine Nahbeziehungs-Person einkaufen wolle.*

Genderinklusive Pronomen für dritte Personen im Singular, die
uns bekannt sind: si*er, sier*, si:er; si;er; si_er, sie*er. Eine andere
Form ist xier (Dativ: xiem; Akkusativ: xien) oder ksie, ser oder
sei.
Häufig zu findende Sonderzeichen, die in genderinklusiven Pro-
nomen verwendet werden, sind Sternchen, Doppelpunkt und
Unterstrich.
Wir würden si*er mit langem i aussprechen: siier.

Genderfreie Pronomen

*Cal ist gestern nicht gekommen. Ens hat Mel gesagt, dass
ens für eine Nahbeziehungsperson kochen wolle.*

Genderfreie Varianten, die uns gerade bekannt sind: ens, hen
oder hän, per und pers, y (uai ausgesprochen nach dem Engli-
schen Fragepronomen ›why‹), ex, ecs, they, nin und nim sowie
sif. In der Schriftsprache findet sich auch * (ausgesprochen: Stern
oder Sternchen) als Pronomen. Viele dieser Pronomen werden im
Moment vor allem von Personen verwendet, die sich als genderfrei oder ex-gendernd verstehen. Der Gebrauch ist in kontinuier-
licher Veränderung.

Eine weitere Möglichkeit ist, den ersten oder die ersten beiden
Buchstaben des Vornamens als Ersetzungsform zu nehmen. Dadurch werden Pronomen individueller.

*Cal ist gestern nicht gekommen. C hat Mel gesagt, dass C
für eine Nahbeziehungsperson kochen wolle.*

B   Ich kenne den Namen der Person nicht

Wenn der Name nicht bekannt ist, werden häufig zweigendernde und damit diskriminierende Ausdrucksweisen benutzt, die Weiblichkeit oder Männlichkeit aufrufen:

> *Die Frau, die vor mir auf dem Rad fuhr, hat die ganze Zeit gesungen.*

Oder:

> *Die Radfahrerin vor mir hat die ganze Zeit gesungen.*

Dies könnte verändert werden in:

> *Die Person, die vor mir auf dem Rad fuhr, hat die ganze Zeit gesungen.*

> *Die radfahrende Person vor mir hat die ganze Zeit gesungen.*

> *Dens Radfahrens vor mir hat die ganze Zeit gesungen.*

Da Gender im Moment in dieser Gesellschaft als Wahrnehmungskategorie von Menschen (noch) eine immens große Rolle spielt, halten wir es für wichtig, je nach Kontext sowohl genderfreie als auch genderinklusive Formen zu verwenden.

C   Ich möchte mich allgemein auf Menschen beziehen

Allgemeine Bezugnahmen auf Menschen kommen häufiger in Sätzen und Texten vor, die sich nicht auf einzelne, konkrete Personen beziehen. Die darüber gemachten Aussagen gelten für eine größere Gruppe. Sie kommen beispielsweise in Lehrbüchern, Rechtstexten, Verwaltungstexten und Stellenausschreibungen vor. Traditionell und diskriminierend finden sich hier häufig sogenannte androgendernde Formen – also solche Formen, die auch benutzt werden, um sich auf Männer zu beziehen. Auf diese Weise werden immer wieder neu Bilder von Männer als allgemeinmenschlich aufgerufen.

Beispiel Verordnungen

- *Ein Auszubildender muss drei Jahre lang die Berufsschule besuchen.*
- *Ein Schüler der Freien Schule Audre Lorde erhält mit Abschluss der 10. Klasse den mittleren Schulabschluss.*

Auch hier sind wieder genderfreie und genderinklusive Formulierungen möglich:

Genderinklusiv:

- *Ein*e Auszubildende*r muss drei Jahre lang die Berufsschule besuchen.*
- *Ein:e Schül:erin der Freien Schule Audre Lorde hat mit Abschluss der 10. Klasse den mittleren Schulabschluss.*

Genderfrei:

- *Eine Person in Ausbildung/eine Person, die eine Ausbildung macht, muss drei Jahre lang die Berufsschule besuchen.*
- *Einens Auszubildens muss drei Jahre lang die Berufsschule besuchen.*
- *Ein Mensch, der zur Schule geht, hat mit Abschluss der 10. Klasse den mittleren Schulabschluss.*
- *Ein Mensch, der zur Schule geht …*
- *Einens Schülens der Freien Schule …*

Eine Formulierung, die sowohl genderfrei als auch gender-inklusiv verstanden werden kann, ist, nach dem gedachten Wortstamm ein Sonderzeichen zu benutzen. Am häufigsten findet sich hier das Sternchen:

Ein* Auszubild*, muss drei Jahre lang die Berufsschule besuchen.

Beispiel Gesetzestext

Bei dem nachfolgenden Text macht es keinen Sinn, genderinklusiv oder genderfrei zu formulieren, denn es handelt sich um eine Bezugnahme auf Diskriminierungsstrukturen. Deshalb ist es sinnvoll hier die Strategie ›Genderismus benennen‹ anzuwenden.

Grundgesetz Artikel 3:

(1) Alle Menschen sind vor dem Gesetz gleich.

(2) Männer und Frauen sind gleichberechtigt. Der Staat fördert die tatsächliche Durchsetzung der Gleichberechtigung von Frauen und Männern und wirkt auf die Beseitigung bestehender Nachteile hin.

(3) Niemand darf wegen seines Geschlechtes, seiner Abstammung, seiner Rasse, seiner Sprache, seiner Heimat und Herkunft, seines Glaubens, seiner religiösen oder politischen Anschauungen benachteiligt oder bevorzugt werden. Niemand darf wegen seiner Behinderung benachteiligt werden.

Dieser Text könnte umgeschrieben mit der Strategie ›Genderismus/strukturelle Diskriminierungen benennen‹ so lauten:

(1) Alle Menschen sind vor dem Gesetz gleich.

(2) Alle Menschen sind gleichberechtigt. Der Staat fördert die tatsächliche Durchsetzung der Diskriminierungsfreiheit für alle Menschen und wirkt auf die Beseitigung bestehender struktureller Nachteile hin.

(3) Kein Mensch und keine über soziale Kategorien definierte Personengruppe darf strukturell diskriminiert werden. Menschen und Menschengruppen dürfen nicht genderistisch, rassistisch, migratistisch, nationalistisch in allen verschiedenen Ausformungen (u. a. durch sprachliche und staatliche Normsetzungen und Ausschlüsse), über glaubensmäßige Zuordnungen und politische Anschauungen diskriminiert werden. Kein Mensch darf gesellschaftlich behindert werden.

Eine solche, Genderismus benennende Umformulierung würde es ermöglichen, jeweils die unterschiedlichen Realisierungsformen der strukturellen Diskriminierungen mit verhandelbar zu machen. Denn alleine schon der Ausschluss von diversen und genderfreien Personen aus Absatz 2 wäre heute eine manifeste Diskriminierung. Wird die Diskriminierungsform jedoch benannt statt Personen Genderidentitäten zuzuschreiben (Frauen und Männer), sind alle Menschen inkludiert – auch wenn sich Genderbenennungen weiter ausdifferenzieren.

Beispiel Stellenausschreibung

Wir suchen: Diplom-Psychologe (m/w/d) für unsere Kriseneinrichtung ab sofort.

Hier wird eine männliche Form als allgemeinmenschlich gesetzt. »m/w/d« in Klammern dahinter soll bedeuten: Personen aller Gendervorstellungen können sich bewerben. Viele sozialpsychologische Experimente zeigen: die Bilder in den Köpfen sind männlich, wenn eine solche männliche – oder androgendernde – Form verwendet wird. Daher ist diese Ausdrucksweise diskriminierend.

Genderfreie Formulierungsmöglichkeiten sind:

Wir suchen ab sofort eine Person mit psychologischer Qualifizierung für unsere Kriseneinrichtung.

Wir suchen ab sofort eine Person mit einem Universitätsdiplom in Psychologie für unsere Kriseneinrichtung.

Wir suchen: Diplom-Psychologens für unsere Kriseneinrichtung ab sofort.

Genderinklusiv könnte die Stellenausschreibung so aussehen:

Wir suchen ab sofort ein:e Diplom-Psycholog:in für unsere Kriseneinrichtung.

Einige dieser Formulierungsweisen ermöglichen es auch, genauer darüber nachzudenken, welche Kompetenz und Qualifizierung für die Stelle notwendig ist. Es eröffnet mehr Möglichkeiten, unterschiedliche Bildungswege und Berufserfahrungen zu inkludieren.

Ein häufiges Argument in Bezug auf Stellenanzeigen betrifft die Länge von Umformulierungen. Dieses Handbuch setzt den Wunsch nach respektvollem Kommunizieren an erste Stelle. Fragen nach Länge usw. primär zu setzen widerspricht diesem Wunsch häufig. Zudem sind nicht alle diskriminierungsfreien Formulierungen länger, wie gerade die Beispiele mit der Form ens zeigen.

Weitere Beispiele für umgeschriebene Stellenanzeigen finden sich in den Teilen 4 und 5 dieses Handbuchs.

Frau/Mann, Herr/Dame, Mutter/Vater

→ Was mache ich, wenn ein Wort eigentlich nur aus Gender besteht?

Benennungen wie Frau, Mann, Herr, Dame sind alleinstehende Substantive, Frau ist nicht aus dem Wort Mann abgeleitet und andersrum. Die Benennungen Frau, Mann, Dame, Herr kommen in unzähligen Kontexten kontinuierlich vor, insbesondere auch in Anschreiben und Ansprachen. Es handelt sich also um eine wichtige Gruppe von Personenbenennungen. Das gleiche gilt auch für alle konventionellen Verwandtschaftsbezeichnungen wie Mutter, Vater, Tochter, Sohn, Neffe, Nichte, Tante, Onkel. Gerade in den Benennungen von Verwandtschaftsverhältnissen wird Gender ganz zentral gesetzt.

Beispiele:

- *Sehr geehrte Damen und Herren!*
- *Eine Frau aus meinem Chor engagiert sich für Naturschutz.*

In beiden Beispielen spielt Gender keine Rolle für die Aussage. Im ersten Satz sollen alle Menschen angesprochen werden. Daher macht es Sinn, beide Sätze genderfrei umzuformulieren:

- *Sehr geehrte Menschen! Sehr geehrte Anwesende! Sehr geehrte Teilnehmense dieser Tagung!*
- *Eine Person aus meinem Chor engagiert sich für Naturschutz.*

Frau* oder Frauen* (mit Sternchen hinter dem Wort) wird häufig verwendet, um zum Ausdruck zu bringen, dass Frau-Sein nicht notwendigerweise angeboren oder bei Geburt zugewiesen sein muss. Das Sternchen signalisiert hier, dass es viele verschiedene Definitionen und mögliche Identifikationen mit Genderrollen gibt. Es wird in Selbstdefinitionen verwendet, wenn Personen sich als Frau verstehen, Frausein insgesamt aber als konstruiert auffassen. Frau* ist hier eine mögliche sprachliche Option, wenn die Kategorien Frau und Mann behalten werden sollen, aber ihr Inhalt deutlich ausgeweitet wird. Dies kann auch in potentiell diskriminierenden Situationen wichtig sein.

Beispiel:

Die Stadt eröffnet das dringend notwendige 25. Frauen*haus mit einer großen Feier.

Es ist auch möglich, statt der sozialen Rolle das Gewaltverhältnis zu benennen:

Mit einer großen Feier eröffnete die Stadt das dringend notwendige 25. Schutzhaus für Personen, die sexistische/ genderistische Gewalt erfahren.

Auch hier ist es wichtig, die Eigenbezeichnungen von Menschen zu respektieren und darüber nachzudenken, ob es durch die Verwendung von Frau*/Frauen* vielleicht zu einer Stigmatisierung von Personen kommen kann, die bei Geburt männliches Gender zugewiesen bekommen haben und sich als Frauen verstehen/ Frauen sind.

Aus transweiblicher wie auch inter* Position kann es also eine wichtige politische Strategie sein, für sich selbst die Bezeichnung Frau ohne Sternchen zu verwenden, um nicht eine Sonderstellung innerhalb der Kategorie Frau zugewiesen zu bekommen oder einzunehmen.

Verwandtschaftsbezeichnungen umformulieren

Alle Verwandtschaftsbezeichnungen sind konventionell zweigegendert. Gender ist hier ganz zentral und nicht nur als Endung angehängt.

Beispiel:

> *Allgemeine Erklärung der Menschenrechte Artikel 25/2: Mütter und Kinder haben Anspruch auf besondere Fürsorge und Unterstützung.*

Was soll hier ausgedrückt werden? Wie ist das formulierbar, ohne soziale Rollen aufzurufen? Möglich wäre beispielsweise:

> *Kinder und Menschen, die sich um Kinder kümmern, haben Anspruch auf besondere Fürsorge und Unterstützung.*

Oder:

> *Kinder, als auch Menschen, die das Sorgerecht für sie haben, haben Anspruch auf besondere Fürsorge und Unterstützung.*

Oder:

> *Personen, die die von der Gesellschaft zugeschriebene Rolle Kinder aufzuziehen, einnehmen, haben ebenso wie die Kinder selbst, Anspruch auf besondere Fürsorge und Unterstützung.*

Die unterschiedlichen Formulierungen machen deutlich: Es handelt sich nicht um eine natürliche Rolle, sondern um die Übernahme einer gesellschaftlichen Norm, die mit Weiblichkeit verknüpft wird. Durch Umschreibungen kann dies deutlich werden. Gleichzeitig kann das Nahverhältnis zu einem Kind auf diese Weise auch von vielen anderen Personen, die sich dazu entscheiden, wahrgenommen und gelebt werden. Eine solche Formulierung eröffnet also Lebensvorstellungen, die nicht mehr länger an biologistische Normen gebunden sind. Je nachdem, was unter ›Frau‹ und ›Mutter‹ verstanden wird, sind die Umformulierungen unterschiedlich. Handelt es sich um eine biologisch vorgegebene Rolle? In diesem Falle würden viele Personen, die Kinder versorgen, ausgeschlossen: Personen, die Kinder adoptieren, Kinder in Pflege nehmen, soziale Elternschaft übernehmen und Transmänner, die Kinder gebären etc.

Das Beispiel kann auch über die Benennung von Genderismus umgeschrieben werden:

> *Menschen, die über Reprogenderung die soziale Rolle haben, sich um Kinder zu kümmern, haben ebenso wie die Kinder selbst Anspruch auf besondere Fürsorge und Unterstützung.*

Reprogenderung ist eine konkrete Form von Genderismus. Sie konkret zu benennen, verhilft dazu, Genderrollen nicht automatisiert weiter festzuschreiben, sondern über die strukturelle Diskriminierung, die Gender herstellt, nachzudenken.

Handelt es sich bei meiner Bezugnahme auf Gender um eine soziale Rolle, die ich aufrufe? Was denke ich? Was setze ich als relevant? Die Umformulierungen ermöglichen also immer auch ein genaueres Hinspüren zu gesellschaftlichen Normen, die Genderrollen prägen und bestimmen – und wie diese verändert werden könnten.

Gerade wenn Begriffe ganz von Gender geprägt sind, sind kreative neue Wörter eine Lösung. Ein Beispiel hierfür zeigen wir in unterschiedlichen Umformulierungen des folgenden Satzes zu familiären Beziehungen.

Als pflegender Sohn eines 80jährigen Vaters wünsche ich mir von meinem Mann, meinem Bruder und meinen Tanten und Cousins etwas Nachsicht.

Mögliche Neuschreibungen:

Als pflegende angehörige Person einer 80jährigen Elternperson wünsche ich mir von meiner Nahbeziehung, von meinem Geschwister und den Geschwistern und Geschwisterkindern meiner Elternperson etwas Nachsicht.

Oder:

Als pflegendes erwachsenes Kind (das männlich sozialisiert wurde/sich als Mann versteht ...) wünsche ich mir von der Person, mit der ich lebe, von meinem Geschwister, den Geschwistern meines Elters und meinen Kusis etwas Nachsicht.

Oder – je nachdem, was ich genau sagen will:

Als pflegende Person für mein Elter wünsche ich mir vom Rest der (Bio)Familie etwas Nachsicht.

Als Person, die die eigene 80jährige Elternperson pflegt, wünsche ich mir von meiner Nahbeziehung als auch von den Geschwistern meiner Eltern und deren Kindern etwas Nachsicht.

Elter

Die Form ›das Elter/ein Elter/mein Elter‹ – als Singularform von Eltern – wird immer geläufiger. Es ist eine einfache Möglichkeit, die Eltern-rolle im Singular genderfrei auszudrücken. Ein weiterer Vorschlag ist ›Eltens‹. In dieser Form wären dann die Pronomen- und Artikelformen so, wie weiter oben in der Tabelle zu ens dargestellt.

Da nahezu alle Verwandtschaftsformen Gender zentral setzen, hier eine Sammlung unterschiedlicher Benennungsvorschläge und -möglichkeiten. Besonders die genderinklusiven Versionen sind Benennungen, die wir schon mal gehört haben oder die Menschen für sich und ihre Beziehungsrelation innerhalb von Familie gewählt haben. Wir wollen nicht dazu anregen, diese Begriffe auswendig zu lernen, sondern Inspirationen für eigene diskriminierungskritische Sprachkreativität anbieten.

konventionell	genderfrei	genderinklusive und ex-gendernde Varianten
eine/die Mutter ein/der Vater	einens/dens Eltens/Co-Eltens ein/das Elter Co-Elter eine Erziehungsperson ein Elternteil/Co-Elternteil	ein*/die* Mapa, ein*/di_e Pama ein*/die* Mutter* ens Meema, Miema ein*/die* Pama, ein* Mapa ein* Vater* ens Peema ex Eltex
Schwester/Bruder	dens Geschwistens das Geschwister	Geschwistex
Tochter/Sohn	Kind, eigenes Kind, mein Kind, mein/der Nachwuchs… Nachkommen	
Großmutter/Großvater	(mein/das/dens) Großalt	dier* Ompa Opma dex Opmex
Tante/Onkel	Elterngeschwister	Onte Tatonkel Tonkel Kel Tel Ontan
Nichte/Neffe	Kind meines Geschwister Geschwisterskind	Neff_ichte, Nicht_effe

→

konventionell	genderfrei	genderinklusive und ex-gendernde Varianten
Kusine/Kusin	Elterngeschwisterkind meinens Kusi	mein*e Kusin*e meinex Kusinex
Ehefrau/Ehemann	Nahbeziehung, Nahbeziehungsperson, Lebensbeziehung Lebensperson Lebenspartnens Eheperson Ehepartnens Insitutionalisierte Paarperson	Lebenspartn*erin Partner_in Lebenspartnex
Stiefmutter/vater	Eltens/Elter Co-Eltens/Elter Miteltens/Mitelter weiteres Eltens anderes Elter Wahlelter Bonuselter	
Pate/Patin Patentante/Patenonkel	Patens Patperson Wahleltens/Wahlelter Wahlbezugseltens	Pat*in Patonte Patantel
Patentochter/sohn	Patkind Patenskind Wahlkind	Pat*innenkind

Je nach Kontext und Situation sind sehr viele verschiedene Ausdrucksweisen denkbar. Eine wichtige Entscheidung ist es, ob Bio-Herkünfte und Abstammungen benannt und re_produziert oder ob soziale Rollen benannt werden sollen.

Soziale Rollen sind auch in vielen anderen Varianten ausdrückbar – der sprachlichen Kreativität sind hier keine Grenzen gesetzt. Statt ›Tante‹ oder ›Onkel‹ wäre je nach Kontakt zu der Person auch formulierbar:

> *erwachsene Nahperson, das Geschwister meinens Eltens, meinens Wahleltens, meinens Patens, meine Vertrauensgroßperson*

Auf diese Weise werden andere soziale Bezüge benennbar und sprachlich wertgeschätzt. Biologische Relationen können so in ihrer Relevanz und Bedeutung auch neu wahrgenommen werden. Neue Formen für nahe Kontakte zu finden, ist eine diskriminierungskritische Sprachhandlung, fordert gängige, tiefsitzende genderistische Vorstellungen heraus und ermöglicht Beziehungen neu und anders zu denken.

Bei genderfreien Formen ergibt sich das Pronomen aus der gewählten genderfreien Form.
Beispiel:

> *Eine Mutter, die anderen Müttern in Wochenkursen Programmieren beibringt, ist ausgebildete Tischlerin. Sie telefoniert in der Pause häufiger mit ihrer Tochter.*

> *Eine Elternperson, die anderen Eltens in Wochenkursen Programmieren beibringt, ist im Holz- und Möbelbau ausgebildet. Sie/die Person telefoniert in der Pause häufiger mit dem eigenen Kind.*

97

Ein Elter, dens anderen Eltern in Wochenkursen Programmieren beibringt, ist ausgebildet Tischlens. Ens telefoniert in der Pause häufiger mit ens Kind.

Der Satz könnte auch mit »Ein Elter, das ...« beginnen, ›dens‹ macht für uns den Bezug auf eine Person noch klarer.

Damenrad und Herrenshampoo, Mannschaft und Leserbrief

→ Wie kann ich zusammengesetzte Wörter gendergerecht umschreiben?

Zu dieser endlos großen Gruppe von Ausdrücken gehören Wörter wie Leserbrief, Mitarbeiterversammlung, Arztpraxis, Schülernachhilfe, Architekteninnung, Frauenhaus, Damenrad. Alle diese Formen können nach den obigen Mustern genderinklusiv oder genderfrei verändert werden. Es ist wichtig, auch sie zu verändern, da sich auch über diese Formen ausschließende Bilder von Männern als allgemeinmenschlich einstellen.

Die Umschreibungen zeigen: Es ist häufig möglich sich genderfrei auszudrücken, indem konkret über die Sache oder das Thema gesprochen wird, das relevant ist.

konventionell	genderinklusiv	genderfrei mit Menschenbezug	genderfrei ohne Menschenbezug
Leserbrief	Les:erinnenbrief	Les*brief Lesensbrief	Lesebrief
Mitarbeiterver-sammlung	Mitarbeit:erinnen-versammlung	Versammlung aller Angestellten Mitarbeitensever-sammlung	Versammlung
Arztpraxis	Ärz_tinnenpraxis	Ärztensepraxis	Praxis Medizinische Praxis Heilpraxis Versorgungspraxis
Schülernachhilfe	Schül*erinnennach-hilfe	Schülensenachhilfe	Nachhilfe Schulnachhilfe Hausaufgabennach-hilfe Lern-Nachhilfe
Architekteninnung	Architekt:innen-In-nung	Architektensein-nung	Architekturinnung Innung für Archi-tektur

konventionell	genderinklusiv	genderfrei mit Menschenbezug	genderfrei ohne Menschenbezug
Chefetage	Chef*innenetage	Menschen in Leitungspositionen	Leitungsetage Leitungsteam
Eigentümergemeinschaft	Eigentüm_erinnengemeinschaft	Eigentümensegemeinschaft	Eigentumsgemeinschaft
Käuferrechte	Käufer:innenrechte	Käufenserechte	Kaufrechte
Mieterpflichten	Miet*erinnenpflichten	Mietenspflichten	Mietpflichten
Damen/Herrenrad			Fahrrad Rad mit tiefem Einstieg/mit Horizontalstange
Frauen/Männerumkleiden	Umkleiden für divers, genderfrei, Frauen* und Männer*	Umkleiden für durch Genderismus diskriminierte Personen/durch Genderismus privilegierte Personen	Umkleiden Einzelumkleiden

Allein diese Beispiele zeigen: Veränderte Sprachformen verändern die Wahrnehmung von Wirklichkeit – und können auf diese Weise diskriminierungskritisch wirken. Statt von Frauen- und Männerumkleiden, -shampoos, -schlafsäcken und -zeitschriften zu sprechen, wäre es möglich, die sozialen, impliziten und wirkmächtigen Genderungen, die so entstehen, loszulassen.

Auch hier gilt wieder: Was genau soll benannt werden? Ist die Größe, die Farbe, der Schnitt entscheidend und hat das wirklich mit Gender zu tun oder vielmehr mit Gelerntem und Vorlieben? Welcher festschreibende Genderballast könnte vermieden werden im Formulieren und Denken?

TEIL 4

Berufliche, öffentliche und Dienstleistungs-Kommunikation gendergerecht gestalten

Warum haben wir dieses Kapitel geschrieben? Gender muss ständig angegeben werden, auch in Kontexten, in denen es gar nicht relevant ist. Zum Beispiel, wenn ein Bahnticket gebucht wird, eine Bestellung gemacht wird oder mit der Bank kommuniziert wird. In diesem Teil finden sich Vorschläge für diese Situationen. Wir haben konkrete Ideen für Umformulierungen sortiert nach Textsorten und Kommunikationssituationen zusammengestellt.

(Bestell-)Formulare

Bei der Erstellung von Formularen kann mensch sich zuerst fragen: Welche Informationen über mein Gegenüber sind unbedingt notwendig, um Kommunikation respektvoll und zielführend zu gestalten? Die Angabe von Gender ist in der Regel nicht relevant.

Die einfachste Variante ist: Verzichten Sie auf die Abfrage von Anreden (Frau/Herr) oder Gender (weiblich/männlich/divers). Eine aus einem genderfreien Formular resultierende respektvolle Ansprache bei einem automatisch generierten Brief könnte dann sein:

- *Guten Tag Kim Ribeiro*

Oder

- *Guten Tag K. Ribeiro*
- *Guten Tag Mensch Ribeiro*

Diese Anreden würden für alle Menschen gleichermaßen gelten und sind damit diskriminierungsfrei. In solchen Kontexten halten wir die Angabe von Titeln für unnötig. Es gibt nur wenige Situationen, in denen Titel wie Dr.ens oder Prof.ens relevant sind. Ihre Verwendung kann so weit wie möglich eingegrenzt werden, da sie immer wieder unnötig Statusunterschiede aufrufen und als relevant festschreiben.

Eine weitere Möglichkeit ist, eine Anrede von Menschen je nach eigenem Wunsch einzufügen. Die Auswahl könnte dann hier lauten:

● keine Anrede
● Frau
● Herr
● divers
● selbstgewählte Anrede:

_____

(bitte hier einfügen).

Fragen Sie dies nur ab, wenn Sie rechtlich keine andere Möglichkeit haben und setzen Sie sich dafür ein, in Formularen in Ihren Arbeits- und sonstigen Kontexten Gender nicht abzufragen. Wenn Sie gesetzlich dazu verpflichtet sind, bieten Sie mehrere Optionen an: neben »weiblich« und »männlich« auf jeden Fall ein drittes Feld: »divers« und ein freies Feld für Text oder »keine Angabe«.

Stellenausschreibungen

In Stellenausschreibungen findet sich immer öfter die Formulierung (w/m/d) hinter der Berufsbezeichnung. Die Berufsbezeichnung ist dabei in der Regel die männliche Form (Fahrer m/w/d). Dies ist diskriminierend, da die männliche Form als einziges explizit genannt wird und als allgemeinmenschlich genommen wird. Unbewusst entstehen dadurch Bilder von Männern – sie fühlen sich durch solche Anzeigen mehr angesprochen als andere Menschen. Dass mit »Ermittler/Staatsanwalt/Bäcker/Pilot/ Erzieher gesucht« nicht alle Menschen gemeint sind – auch wenn m/w/d dahinter steht – und sich viele Menschen in erster Linie männliche Personen vorstellen, ist in Studien vielfach nachgewiesen worden. Dies führt auch dazu, dass Menschen, die sich nicht als männlich verstehen, sich nicht mit der Stellenausschreibung identifizieren und sich signifikant seltener bewerben.

Umgeschriebene Stellenanzeigen finden sich in Teil 5 des Buches.

Wir schlagen vor: In Stellenausschreibungen sollten die Kompetenzen und Arbeitsaufgaben zentral sein, nicht aber Gendereinteilungen oder männliche Normen. Für alles dies ist die einfachste Sprachveränderung: genderfrei schreiben! Bei bestimmten Berufen wiederum vor allem weibliche Formen zu nehmen – wie bei Krankenschwester, Sekretärin, Erzieherin und umgangssprachlich Putzfrau, reproduziert, dass Frauen für Pflege, Putzen und Versorgen zuständig sind. Diese Jobs sind schlecht bezahlt, haben häufig belastende Arbeitsbedingungen und sind statusniedrig. Es ist kein Zufall, dass diese Jobs mehrheitlich von Menschen übernommen werden, die über Gender- und/oder Migrationszuschreibungen diskriminiert werden.
Beispiele für Berufsbezeichnungen und mögliche Veränderungen sind:

konventionell	genderfrei oder -inklusiv
Bürokaufmann/-frau	Bürokaufperson mit entsprechender Ausbildung/Abschluss/Berufserfahrung Bürokaufmensch
Sekretärin gesucht	Sekretariatsstelle zu besetzen
Managementassistentin gesucht	Managementassistenz gesucht Assistenz für das Management gesucht
Redakteur (m/w/d)	Redakteu:rin Mitarbeitens der Redaktion
Mitarbeiter/in für Cafékollektiv gesucht	neue Person für Cafékollektiv gesucht Mitarbeitens für Cafékollektiv gesucht
Werbefachfrau	qualifiz. Mitarbeit*erin im Bereich Werbung
Krankenschwester	Krankenpflegende Person Krankenpflegens
studentische MitarbeiterIn gesucht	studentische Hilfskraft gesucht
Teamleiter	Teamleitung Teamleitens
Sachbearbeiterin	Sachbearbeitende Person Sachbearbeitens

Homepages, Anschreiben, Broschüren und weitere öffentliche Textsorten

Sollten Sie selbst Broschüren erstellen oder zum Beispiel auf Ihrer Homepage direkt Personen ansprechen oder benennen, können Sie auch hier Sprache so gestalten, dass sich in Bezug auf Gender möglichst viele Menschen mitgemeint fühlen.

In einem Text auf Ihrer Homepage macht es für die Wahrnehmung und Identifikation beispielsweise einen großen Unterschied, für welche der folgenden Versionen Sie sich entscheiden:

konventionell	genderfrei und genderinklusiv
Sie als Käufer …	Wenn Sie an einem Kauf interessiert sind …
Sie als Kundin …	Sie als Kundens …
	Sie als Kund*in …
Unsere Mitarbeiter …	Alle Personen, die bei uns arbeiten …
	Alle unsere Mitarbeitense …
Unsere Mitarbeiter und Mitarbeiterinnen …	Unser Team …
	Unsere Mitarbeit_erinnen …

konventionell	genderfrei und genderinklusiv
Wir haben viele Helfer gewinnen können	Bei uns engagieren sich viele Menschen
	Viele Menschen haben bei dieser Aktion geholfen
	Wir konnten viele Menschen für die Mithilfe gewinnen
Der Patientenkontakt ist uns sehr wichtig	Es ist uns wichtig, dass die Menschen, die in unsere Praxis kommen, sich gut aufgehoben fühlen
	Ein guter Kontakt zu unseren Pat*ientinnen ist uns wichtig
Viele Schüler nutzen das Onlineportal bereits	Viele Schül*erinnen nutzen das Onlineportal bereits
	Viele junge Menschen, die zur Schule gehen, nutzen das Onlineportal bereits
	Viele Schülense nutzen das Onlineportal bereits

Gesetzlich geschützte Funktionsbenennungen wie »Bauherr« und »Arbeitgeber«

Auch Funktionsbenennungen wie Bauherr, Arbeitgeber und Arbeitnehmer, Obmann und Gesellschafter rufen Gendervorstellungen auf – und zwar männliche. Auch wenn diese Ausdrücke bisher gesetzlich geschützt sind, müssen sie diskriminierungsfrei verändert werden. Sonst werden sie weiterhin die männlichen Vorstellungen als einzig- und allgemeinmenschlich aufrufen. Bis es einheitliche gesetzliche Lösungen gibt, ist es wichtig, selbst aktiv zu werden und kreative Formen zu wählen, um nicht selbst weiter zu diskriminieren.

konventioneller Begriff	genderfrei oder genderinklusiv
Bauherr	Bauauftraggebens auftraggebende Person
Vorarbeiter	Vorarbeit:erin baukoordinierende Person Koordination am Bau
Arbeitnehmer	Arbeitnehmende (Plural) Arbeitnehmens Arbeitnehm*erinnen

konventioneller Begriff	genderfrei oder genderinklusiv
Arbeitgeber	Arbeitgebende (Plural)
	Arbeitgebens
Obmann	Obperson
	Obmensch
	Obleute
Ombudsmann	Ombudsperson
	Ombudsmensch
Gesellschafter	gesellschaftende Person
	Gesellschaft führende Person
	Gesellschaftens
Meister	Meist*erin
	Meistens
Bootsmann	Bootsführende Person
	Bootsleute

Stimme, Kleidung und Körperformen diskriminierungsfrei wahrnehmen

Von dem äußeren Erscheinungsbild oder der Stimme (am Telefon) darauf zu schließen, wie sich eine Person in Bezug auf Gender verortet, ist potentiell diskriminierend – denn aus Gewohnheit hören die meisten Menschen Stimmen als »weiblich« oder »männlich«. Dann folgt daraus eine der beiden zweigendernden und ausschließenden Anreden: »Frau ...« oder »Herr ...«.

Stimmen sind aber nicht »weiblich« oder »männlich«. Genauso wenig wie Kleidung, Körperformen, Größe, Gangart, Frisuren, Make-up und vieles mehr. Alles das wird häufig konventionell als »weiblich« oder »männlich« aufgefasst. Alle Menschen können unterschiedlich hohe und tiefe Stimmen haben, unabhängig davon, ob und wie sie sich über Gender definieren. Alle Menschen können unterschiedliche Kleidung tragen, unterschiedliche Körperformen und Gangarten haben. Das alles ist keine Aussage über die eigene Identifikation oder Nicht-Identifikation mit Genderrollen. Stimme, Körperform, Kleidung usw. an sich zeigen nicht Gender an, sondern es ist die kulturelle Wahrnehmung, die bestimmte Stimmhöhen und -qualitäten, Kleidungen, Körperformen und vieles mehr zu Kennzeichen von Weiblichkeit und Männlichkeit machen.

Das heißt, dass es notwendig ist, sich von den überkommenen Vorstellungen weiblicher und männlicher Merkmale zu verabschieden und alles als individuellen Ausdruck einer Person zu verstehen.

Die einfachste Lösung auch hier: Sprechen Sie Personen in der mündlichen Kommunikation im offiziellen Setting mit Vor- und Nachnamen an:

Guten Tag Nori Schella.

Je nach Kontakt und Situation besteht auch die Möglichkeit, die Person zu fragen, wie sie angesprochen werden möchte:

Wie darf ich Sie ansprechen?

Am besten beginnen Sie selbst das Gespräch damit, dass Sie Ihre präferierte Anrede nennen:

Guten Tag, mein Name ist Alex Sauer, Pronomen ›sie‹. Wie darf ich Sie ansprechen?

Oder:

Guten Tag, hier spricht Kay Ibrahim. Sprechen Sie mich gerne mit Vor- und Nachnamen an. Wie darf ich Sie ansprechen?

Oder:

Guten Morgen, mein Name ist Vogel. Sprechen Sie mich gerne mit Herr Vogel an.

Egal, wie selbstverständlich sich das eigene Pronomen und die eigene Anredeform anfühlt, ist es wichtig dies zu machen – gerade auch für Privilegierte, die bisher vielleicht noch nie über die eigene Anrede nachdenken mussten. Auf diese Weise beginnt eine Kommunikation respektvoll und verbindend.

Ausweispapiere, Zeugnisse und weitere offizielle Dokumente: selbstgewählte Namen

Viele Menschen, die sich als divers oder genderfrei verstehen, haben ihren Namen verändert. Einige machen dies offiziell und formell rechtsverbindlich, andere benutzen in alltäglichen Kommunikationen einen anderen Namen als denjenigen, der vielleicht in Ausweispapieren und Zeugnissen steht. Das ist weit verbreitet. Es ist über unterschiedlich umfangreiche Verfahren möglich, den Namen im Ausweis (Personalausweis, Pass etc.) zu ändern. Es ist aber auch möglich, den Namen zuerst als Künstlens-Namen eintragen zu lassen. Dieser ist dann auf der Rückseite des Personalausweises vermerkt und rechtsgültig (wie z. B. für die Krankenkasse, Bank etc.). Es gibt ein Anrecht darauf, dass die entsprechenden Karten, Formulare und Kommunikationen mit oder unter diesem Namen geführt werden.

Auch gibt es Ergänzungsausweise von der dgti (Deutsche Gesellschaft für Transidentität und Intersexualität), die auf einem Extra-Ausweis den selbstgewählten Namen und das selbstgewählte Gender sowie Pronomen zusätzlich zum Personalausweis nachweisen. Manche Menschen haben aus unterschiedlichen Gründen keinen offiziellen Nachweis über den eigenen Namen. In jedem Fall ist die respektvolle Ansprache schriftlich und mündlich der selbstgewählte Name. Es gehört auch zum Respekt, den Vornamen, seine Aussprache und Schreibweise nicht anzuzweifeln, sondern so zu übernehmen, wie die Person ihn nennt und schreibt. Wenn ich einen Namen nicht richtig verstanden habe, kann ich respektvoll nachfragen: *Entschuldigung, würden Sie Ihren Namen bitte nochmal wiederholen?*

Dienstleistungskommunikationen in Ämtern, Praxen und Geschäften

In Dienstleistungssituationen ist es wichtig, Ansprachen so zu wählen, dass sie nicht diskriminierend sind und Menschen nicht ausschließen.

Beispiel Ärzt*innenpraxis (auch bei Physiotherapie, beim Haareschneiden usw.):

> *Wenn ich Sie aufrufe, ist es in Ordnung, wenn ich im Wartezimmer »Nori Schella, bitte« sage – oder wünschen Sie sich eine andere Form?*

> *Welches Pronomen wünschen Sie in der Kommunikation mit der behandelnden Person? Ich würde es gerne in der Karteikarte eintragen.*

Diese Information kann dann auf der Akte/Karteikarte vermerkt werden.

Im informelleren Rahmen, in dem mit dem Vornamen angesprochen wird, erübrigt sich die gegenderte Ansprache:

> *Nori, du kannst schon mal rein gehen.*

Sollte eine Person, die nicht gegendert angesprochen werden möchte, um eine angemessene Ansprache bitten, so kann es sein, dass Förmlichkeits-Konventionen weniger ins Gewicht fallen, als der Wunsch der Person: zum Beispiel könnte eine sich als divers verstehende Person darum bitten, im Therapie-Setting mit dem Vornamen angesprochen und gesiezt zu werden.

Wie darf ich Sie ansprechen in der Therapie? – Benutzen Sie gerne meinen Vornamen und siezen Sie mich.

Auch wenn die therapierende Person sonst alle Klient*innen mit »Frau…« und »Herr…« anspricht, ist es hier wichtig und respektvoll, von den sonst verfolgten Konventionen und Regeln abzuweichen.

Es gibt auch viele Settings, in denen der Name einer Person nicht bekannt ist. Stellen Sie sich die folgende Situation vor: Einens Kundens kommt in den Laden und Sie als mitarbeitende Person möchten ens an ein*e Kolleg*in verweisen. Auch dann ist es angemessen und respektvoll, keine Zuschreibung in Bezug auf Gender zu machen.
Statt zu sagen:

Vero, können Sie dem jungen Mann hier bitte das passende Brillengestell raussuchen?

wäre es möglich zu formulieren:

Vero, könnten Sie hier freundlicherweise aushelfen und uns ein passendes Brillengestell raussuchen?

*Vero, könnten Sie unsere*r Kund*in bitte das passende Brillengestell raussuchen?*

Oder:

Vero, könnten Sie unserens Kundens bitte das passende Brillengestell raussuchen?

Alle hier vorgestellten Umformulierungsideen werden im folgenden Teil auf verschiedene Texte angewendet.

TEIL 5

Beispiele für umgeschriebene Texte: Sprachveränderungen konkret umgesetzt

In den folgenden Abschnitten schreiben wir kurze Textbeispiele aus unterschiedlichen Kontexten mit den drei Strategien genderfrei, genderinklusiv und Genderismus benennen um. Sie stammen aus unterschiedlichen Genres, ihnen liegen reale Texte zu Grunde, die hier verkürzt oder etwas verändert als Beispiele für mögliche Umschreibungen verwendet werden.

Geschäftsbriefe

Frau Toni Morrison
Weidenweg 12
12345 Flussing

Sehr geehrte Frau Morrison,

wir freuen uns, Sie als Probeleser unserer Zeitung begrüßen zu dürfen. [...]
Ihr Kundennummer lautet 42000693.
[...] Sollten Sie nicht mehr weiterlesen wollen, so genügt eine kurze Mitteilung an unseren Leserservice. [...]
Als Student lesen Sie für z. Zt. nur 26,60 € mtl. weiter.

Genderinklusiv:
Persönliche Formulierung, Genderdiversität aufrufend

Toni Morrison
Weidenweg 12
12345 Flussing

Sehr geehrt* Toni Morrison,
wir freuen uns, Sie als Probeles*erin unserer Zeitung begrüßen
zu dürfen. [...]
Ihre Kund*innen-Nummer lautet 42000693.
[...] Sollten Sie nicht mehr weiterlesen wollen, so genügt eine
kurze Mitteilung an unseren Les*erinnenservice. [...]
Als Stud*entin lesen Sie für z. Zt. nur 26,60 € mtl. weiter.

Genderfrei I:
Allgemeine Formulierung ohne Aufrufen von Gender

Toni Morrison
Weidenweg 12
12345 Flussing

Guten Tag T. Morrison,
wir freuen uns, Sie zum Probe-Lesen unserer Zeitung begrüßen
zu dürfen. [...]
Wir führen Ihr Probeabo unter der Nummer 42000693.
[...] Sollten Sie nicht mehr weiterlesen wollen, so genügt eine
kurze Mitteilung an unseren Leseservice. [...]
Falls Sie studieren, können Sie für z. Zt. nur 26,60 € mtl. weiterlesen.

121

Genderfrei II:
Menschliche Bezugnahme durch ens-Formen betonend

Sehr geehrtens T. Morrison,
wir freuen uns, Sie als Probe-Lesens unserer Zeitung begrüßen
zu dürfen. [...]
Ihre Kundennummer lautet 42000693.
Sollten Sie nicht mehr weiterlesen wollen, so genügt eine kurze
Mitteilung an unseren Lesensservice. [...] Als Studens lesen Sie
für z. Zt. nur 26,60 € mtl. weiter.

Öffentliche Anschreiben an mehrere Personen

Liebe Bürgerinnen und Bürger,

ich danke allen, die in diesen schweren Tagen dafür sorgen,
dass die lebensnotwendigen Leistungen für uns alle erbracht
werden: den Krankenschwestern, Pflegern und Ärzten, den
Landwirten, den Müllwerkern, dem Personal in den Supermärkten und Apotheken, den Strom- und Wasserversorgern
und Ihnen allen, die jetzt Großes leisten.
Ich danke auch ganz herzlich allen, die uns auf dem Bürger-
telefon angerufen und ihre Hilfe angeboten haben. Wir werden
darauf zurückkommen, wenn es notwendig werden sollte.

Genderinklusiv:
potentielle Genderdiversität betonend

Liebe Bürg*erinnen,

ich danke allen, die in diesen schweren Tagen dafür sorgen, dass
die lebensnotwendigen Leistungen für uns alle erbracht werden:
den Krankenpfleg*erinnen und Ärzt*innen, den Landwirt*innen,
den Müllwerk*erinnen, dem Personal in den Supermärkten und
Apotheken, den Strom- und Wasserversorg*erinnen und Ihnen
allen, die jetzt Großes leisten.
Ich danke auch ganz herzlich allen, die uns auf dem Bürg*erin-
nentelefon angerufen und ihre Hilfe angeboten haben. Wir werden darauf zurückkommen, wenn es notwendig werden sollte.

Genderfrei:
Mensch-Sein betonend durch direkte Ansprachen und
Pluralformen

Liebe Menschen in unserem Landkreis,

ich danke allen, die in diesen schweren Tagen dafür sorgen,
dass die lebensnotwendigen Leistungen für uns alle erbracht
werden: dem Personal im medizinisch-pflegenden Bereich, in
der Landwirtschaft, bei den Müllwerken, dem Personal in den
Supermärkten und Apotheken, in der Strom- und Wasserversor-
gung und Ihnen allen, die jetzt Großes leisten.
Ich danke auch ganz herzlich allen, die uns auf dem Kontakt-
telefon des Landkreises angerufen und ihre Hilfe angeboten
haben. Wir werden darauf zurückkommen, wenn es notwendig
werden sollte.

Verträge und Verwaltungsregelungen

Der Veranstalter hat die Pflicht, jeden Besucher über die Sicherheitsmaßnahmen während der Veranstaltung aufzuklären. Wer sich nicht an diese Leitlinien hält, muss damit rechnen, des Ortes verwiesen zu werden. Jeder Besucher muss auf seine persönlichen Gegenstände achten und darf andere nicht gefährden.

Genderinklusiv:
potentielle Genderdiversität betonend

Di·e Veranstalt·erin hat die Pflicht, jed·e Besuch·erin über die Sicherheitsmaßnahmen während der Veranstaltung aufzuklären. Menschen, die sich nicht an diese Leitlinien halten, müssen damit rechnen, des Ortes verwiesen zu werden. Jed·e Besuch·erin muss auf ihr·e persönlichen Gegenstände achten und darf andere nicht gefährden.

Genderfrei I:
menschliche Bezugnahmen durch ens-Formen betonend

Dens Veranstaltens hat die Pflicht, jedens Besuchens über die Sicherheitsmaßnahmen während der Veranstaltung aufzuklären. Wens sich nicht an diese Leitlinien hält, muss damit rechnen, des Ortes verwiesen zu werden. Jedens Besuchens muss auf ens persönlichen Gegenstände achten und darf andere nicht gefährden.

Genderfrei II:
Plural benutzen

Personen, die eine Veranstaltung durchführen, haben die Pflicht, diejenigen, die die Veranstaltung besuchen über die Sicherheitsmaßnahmen aufzuklären. Personen, die sich nicht an diese Leitlinien halten, müssen damit rechnen, des Ortes verwiesen zu werden. Alle müssen auf ihre persönlichen Gegenstände achten und dürfen andere nicht gefährden.

Hier würden wir jetzt mit Plural arbeiten, statt mit Singular, weil es um alle Personen geht, die an der Veranstaltung teilnehmen.

Zeitungsartikel

Es werden jeweils eine ganze Reihe von Gründen aufgeführt, warum man die Wohnung während des Lockdowns dann doch verlassen darf. Darunter fallen Einkäufe und Arztbesuche, der Weg zur Arbeit und Besuche bei Ehe- oder Lebenspartnern oder bei Nachbarn.

Genderinklusiv:
Genderdiversität betonend

Es werden jeweils eine ganze Reihe von Gründen aufgeführt, warum mensch die Wohnung während des Lockdowns dann doch verlassen darf. Darunter fallen Einkäufe und Ärzt*innen-besuche, der Weg zur Arbeit und Besuche bei Nahbeziehungen oder bei Nachbar*innen.

Genderfrei I:
passive Formulierungen

Es werden jeweils eine ganze Reihe von Gründen aufgeführt, warum die Wohnung während des Lockdowns dann doch verlassen werden darf. Darunter fallen Einkäufe und Gesundheitsversorgung, Arbeitswege und Besuche im nächsten Sozial- und Wohnumfeld.

Genderfrei II:
direkte Anreden

Es gibt jeweils eine ganze Reihe von Gründen, warum Sie die Wohnung während des Lockdowns dann doch verlassen dürfen. Dazu gehört: Sie können einkaufen gehen, zu Heilbehandlungen und zur Arbeit fahren oder Menschen im nahen sozialen Umfeld besuchen.

Häufig ist es auch möglich, eine direkte Ansprache zu wählen. Das macht Texte in vielen Fällen einfacher verständlich und konkreter.

Ein weiteres Beispiel:

Wer sich der Wirtschaft unterordnet, wird zum Mitspieler im Konkurrenzsystem.

Genderinklusiv:

- Welche* (Person) sich der Wirtschaft unterordnet, wird zur Mitspiel*erin im Konkurrenzsystem.
- Individuen, die sich der Wirtschaft unterordnen, werden zu Mitspiel:erinnen im Konkurrenzsystem.

Umformulierungen im Plural sind häufig eine gute und leichte Alternative.

Genderfrei:

- Wenn du dich der Wirtschaft unterordnest, spielst du im Konkurrenzsystem mit.
- Alle, die sich der Wirtschaft unterordnen, werden zu Figuren auf dem Spielfeld des Konkurrenzsystems.
- Menschen, die sich der Wirtschaft unterordnen, tragen das Konkurrenzsystem mit.
- Wenn wir uns der Wirtschaft unterordnen, spielen wir auch im Konkurrenzsystem mit.
- Wens sich der Wirtschaft unterordnet, wird zum Mitspielens im Konkurrenzsystem.

Häufig ist es auch möglich, den Satz umzuformulieren. Wenn im Text schon Wir-Formen vorkommen, könnte hier auch eine Wir-Form problemlos genutzt werden.

In diesem dritten Zeitungsausschnitt formulieren wir den Text mit der Strategie Genderismus benennen um:

Erderhitzung bedeutet mehr Gewalt gegen Frauen
Eine von drei Frauen weltweit erfährt Gewalt, weil sie eine Frau ist. ExpertInnen nennen das geschlechtsbezogene Gewalt. Diese Gewalt wird zunehmen, zeigt eine Studie, die die Weltnaturschutzorganisation am Mittwoch veröffentlicht hat. Grund: der Klimawandel.

Statt Frauen als Gruppe herauszuheben, wäre es konkreter hier Genderismus zu benennen:

Erderhitzung bedeutet mehr genderistische Gewalt

Eine von drei Personen, die genderistisch diskriminiert wird, erfährt Gewalt. Expert*innen nennen das genderspezifische Gewalt. Diese Gewalt wird zunehmen, zeigt eine Studie, die die Weltnaturschutzorganisation am Mittwoch veröffentlicht hat. Grund: die menschengemachte Klimakrise.

Eine noch umfassendere, mögliche Umformulierung zeigt noch stärker, wie sehr die Ursprungsschreibweise die Verantwortungen und die konkreten Gewaltverhältnisse gerade nicht benennt:

Eine der Folgen der Erderhitzung ist auch die Zunahme von struktureller Gewalt. Das bedeutet unter anderem konkret auch die Zunahme genderistischer Gewalt.

Genderistische Gewalt heißt: Menschen, die durch Genderismus diskriminiert werden wie Frauen, trans* und inter* Menschen sowie genderfreie Personen, erfahren diese Gewalt noch mal verstärkt, wenn sich die Verteilung von Ressourcen auf der Welt durch die Folgen der menschenverursachten Klimakrise zuspitzen.

Diese Gewalt wird weiter zunehmen, zeigt eine Studie, die die Weltnaturschutzorganisation am Mittwoch veröffentlicht hat.

Genderismus benennen bedeutet also: eine größere Umstellung von Denkweisen, die sich dann auch im sprachlichen Ausdruck wiederfinden. Genderismus zu benennen bedeutet Gewaltverhältnisse und Ursachen von Gewalt zu benennen. Es ist eine größere Umstellung als nur einzelne Wörter auszutauschen. Genderismus zu benennen ist ein grundlegender Perspektivwechsel.

Broschürentexte

Klimaschutz: 15 Tipps gegen den Klimawandel, die jeder machen kann

Jeder von uns kann etwas gegen den Klimawandel tun: mit seinem Konsum und Alltags-Verhalten.

Würden wir nur jedes zweite Produkt mit unseren Nachbarn teilen oder es gebraucht kaufen, nur bei Bedarf Technik mieten, oder mehr Dinge reparieren lassen, ließen sich die Emissionen halbieren.

Etwas gegen den Klimawandel wäre eigentlich ganz einfach – und jeder könnte mitmachen. Denn wir alle nutzen Geräte, die Strom verbrauchen – und für diesen Strom verbrennen wir immer noch Kohle. Würden wir alle Strom sparen, wäre schon viel gewonnen.

https://utopia.de/galerien/klimaschutz-tipps/#5

Genderfrei I:
Pluralformulierungen

Klimaschutz: 15 Tipps gegen den Klimawandel, die alle umsetzen können

Alle können etwas gegen den Klimawandel tun: mit ihrem Konsum und Alltags-Verhalten.

Würden wir nur jedes zweite Produkt mit den Menschen von nebenan teilen oder es gebraucht kaufen, nur bei Bedarf Technik mieten, oder mehr Dinge reparieren lassen, ließen sich die Emissionen halbieren.

Etwas gegen den Klimawandel zu tun wäre eigentlich ganz einfach – und alle könnten mitmachen. Denn wir alle nutzen Geräte, die Strom verbrauchen – und für diesen Strom verbrennen wir immer noch Kohle. Würden wir alle Strom sparen, wäre schon viel gewonnen.

Genderfrei II:
Mensch-Sein ausdrücken durch ens-Formen

Klimaschutz: 15 Tipps gegen den Klimawandel, die jedens machen kann

Jedens kann etwas gegen den Klimawandel tun: im eigenen Konsum und Alltags-Verhalten.

Würde jeder Mensch nur jedes zweite Produkt mit den Nachbarens teilen oder es gebraucht kaufen, nur bei Bedarf Technik mieten, oder mehr Dinge reparieren lassen, ließen sich die Emissionen halbieren.

Etwas gegen den Klimawandel zu tun wäre eigentlich ganz einfach – und jedens könnte mitmachen. Denn wir alle nutzen Geräte, die Strom verbrauchen – und für diesen Strom verbrennen wir immer noch Kohle. Würden wir alle Strom sparen, wäre schon viel gewonnen.

**Genderinklusiv:
Genderdiversität ausdrücken**

Klimaschutz: 15 Tipps gegen den Klimawandel, die jed:er machen kann

Jed:er von uns kann etwas gegen den Klimawandel tun:
Mit ihr:seinem Konsum und Alltags-Verhalten.

Würden wir nur jedes zweite Produkt mit unseren Nachba:rinnen teilen oder es gebraucht kaufen, nur bei Bedarf Technik mieten, oder mehr Dinge reparieren lassen, ließen sich die Emissionen halbieren.

Etwas gegen den Klimawandel zu tun wäre eigentlich ganz einfach – und jede:r könnte mitmachen. Denn wir alle nutzen Geräte, die Strom verbrauchen – und für diesen Strom verbrennen wir immer noch Kohle. Würden wir alle Strom sparen, wäre schon viel gewonnen.

Hier sind wir von der indirekten Ausdrucksweise zu wir-Formen gewechselt. Das spricht Menschen häufig direkter und konkreter an.

Infotexte

Einsicht in die Personalakte: Was der Arbeitnehmer darf
Jeder Arbeitnehmer hat das Recht, seine Personalakte einzusehen. Werden die Akten in Papierform geführt, ist dies meist aufwendig. Personaler müssen bereit stehen, wenn der Mitarbeiter
anklopft.

Genderinklusiv:
Genderdiversität ausdrücken

Einsicht in die Personalakte:
Was die_r Arbeitnehmer_in darf
Jede_r Arbeitnehmer_in hat das Recht, sein_ihre Personalakte
einzusehen. Werden die Akten in Papierform geführt, ist dies
meist aufwendig. Personaler_innen müssen bereit stehen, wenn
di_er Mitarbeiter_in anklopft.

Genderfrei I: Mensch-Sein ausdrücken mit der ens-Form

Einsicht in die Personalakte:
Was dens Arbeitnehmens darf
Jedens Arbeitnehmens hat das Recht, ens Personalakte einzusehen. Werden die Akten in Papierform geführt, ist dies meist
aufwendig. Personalens müssen bereit stehen, wenn dens Mitarbeitens anklopft.

Genderfrei II:
Direkte Ansprache

Einsicht in die Personalakte:
Was Sie aus arbeitnehmender Position dürfen
Als arbeitnehmende Person haben Sie das Recht, Ihre Personalakte einzusehen. Werden die Akten in Papierform geführt, ist dies meist aufwendig. Die Personalabteilung muss bereit stehen, wenn Sie anklopfen.

Diese Variante benutzt die direkte Ansprache – das ist eine weitere genderfreie Variante.

Stellenanzeigen

Wir suchen:

BETRIEBSLEITER/MANAGER (M/W/D)

Sie übernehmen die Gesamtleitung des Betriebs.
Als erfahrener Manager führen Sie mit personellem und kaufmännischem Geschick den Betrieb mit seinen 100 Mitarbeitern.
Ihre Grundlage ist ein wirtschafts- oder ingenieurswissenschaftlicher Studienabschluss.

Genderinklusiv:
Genderdiversität betonend

Wir suchen:

BETRIEBSLEITER_IN/MANAGER_IN

Sie übernehmen die Gesamtleitung des Betriebs.
Als erfahrene_r Manager_in führen Sie mit personellem und betriebswirtschaftlichem Geschick den Betrieb mit seinen 100 Mitarbeiter_innen.
Ihre Grundlage ist ein wirtschafts- oder ingenieur_innenwissenschaftlicher Studienabschluss.

Genderfrei:
Mensch-Sein ausdrücken

Wir suchen:

FÜHRUNGSKRAFT FÜR BETRIEBSLEITUNG UND MANAGMENT

Sie übernehmen die Gesamtleitung des Betriebs.
Als erfahrene Führungskraft führen Sie mit personellem und betriebswirtschaftlichem Geschick den Betrieb mit seinen 100 Mitarbeitens.
Ihre Grundlage ist ein Studienabschluss im Bereich Wirtschaft und/oder Technik.

WIR SUCHEN SIE!

- *Küchenverkäufer (m/w/d)*
- *Verkäufer Boutique und Möbel (m/w/d)*
- *Dekorateur und Raumausstatter (m/w/d)*

neuesMöbelhaus@personal.de

Genderinklusiv:

WIR SUCHEN SIE!

- *Küchenverkäuf*erin*
- *Verkäuf*erin Boutique und Möbel*
- *Dekorateur*in und Raumausstatter*in*

neuesMöbelhaus@personal.de

Genderfrei:

WIR SUCHEN FACHPERSONAL FÜR:

- *Den Verkauf in den Bereichen:*
  Küchen
  Boutique und Möbel
- *Dekoration und Raumausstattung*

neuesMöbelhaus@personal.de

Die Gesundheitswohlklinik sucht:

- einen Physiotherapeuten (m/w/d)
- einen Küchenleiter (m/w/d)
- einen Mitarbeiter für den medizinischen Schreibdienst (m/w/d)
- einen Gesundheitspfleger (m/w/d)

Genderinklusiv:

Die Gesundheitswohlklinik sucht:

- Physiotherapeu:tin
- Küchenleit:erin
- Mitarbeit:erin für den medizinischen Schreibdienst
- Gesundheitspfleg:erin

Genderfrei mit Bezugnahme auf Genderdiversität:

Die Gesundheitswohlklinik sucht:
engagierte und qualifizierte Personen (_/d/w/m)
zur Mitarbeit in den Bereichen:

- Physiotherapie
- Küchenleitung
- medizinischer Schreibdienst
- Gesundheitspflege

Bei neutralen Ausdrücken wie Personen kann es durchaus manchmal sinnvoll sein (_/d/w/m) oder (x/w/m) in Klammern zu schreiben, damit sich diverse und weibliche Menschen angesprochen fühlen und Personen, die sich genderfrei verstehen oder den Geschlechtseintrag haben streichen lassen. Dies gilt aber nur für die Fälle, wo die Personenreferenz davor genderfrei ist.Sinn macht es hier, die Reihenfolge von kein Eintrag, divers, weiblich und männlich so zu gestalten, dass die am meisten diskriminierten Positionen zuerst genannt werden und nicht wieder Anhängsel sind.

Liedtexte

Auch Liedtexte transportieren häufig lange tradierte und diskriminierende Vorstellungen zu Menschen.

Alle Menschen werden Brüder,
jeder nimmt die Schuld auf sich.
Öffnen ihre Herzen wieder,
voll Vertrau'n und Zuversicht.
Jeder freut sich auf die Jahre,
die er hier verbringen kann.
Niemand hofft mehr auf die Zeit danach.

Genderfrei:

Alle Menschen sind Geschwister,
alle nehmen Schuld auf sich.
Öffnen ihre Herzen wieder,
voll Vertrau'n und Zuversicht.
Alle freu'n sich auf die Jahre,
die sie hier verbringen könn'.
Niemensch hofft mehr auf die Zeit danach.

Kinderbucherzählungen

Auch bereits lange bestehende Texte, die häufig zum ›Kulturgut‹ einer Gesellschaft zählen, transportieren durch ihre Ausdrucksweisen Sexismus/Genderismus und auch weitere Diskriminierungsformen wie Rassismus. Sie diskriminierungskritisch umzuschreiben ist eine Möglichkeit, transformativ und verantwortungsvoll zu sprachhandeln. Die Langlebigkeit von diesen Diskriminierungsstrukturen ist zu einem Bestandteil des kulturellen Erbes geworden. Wie stark dies in Texte wie Märchen eingeschrieben ist, zeigt sich im Versuch, diese Texte umzuschreiben bzw. anders vorzulesen. Hier ist häufig viel Kreativität gefragt im Erfinden neuer, genderfreier Namen und Familienverhältnisse, die beispielsweise nicht auf der Grundschablone von Vater-Mutter-Kind basieren.

Warum finden wir es wichtig, dass auch alte Texte umgeschrieben werden?

- Weil diese Texte immer noch benutzt werden und auf diese Weise diskriminierende Vorstellungen immer wiederholt werden.
- Weil es deutlich macht, dass alles veränderbar ist und sich trotzdem dabei auf Traditionen bezogen werden kann.

Ein Beispiel vom Anfang des Märchens Däumelinchen von Hans Christian Andersen:

Es war einmal eine Frau, die so gerne ein kleines Kindchen haben wollte, aber sie wusste gar nicht, wo sie es herbekommen sollte. Da ging sie zu einer alten Hexe.

Genderfrei I: Mensch-Sein betonend

Es war einmal ein Mensch. Dieser Mensch wollte so gerne ein Kind haben, wusste aber gar nicht, wo es herkommen sollte. Da ging dieser Mensch zu einer alten, weisen und mächtigen Person.

Genderfrei II: Mensch-Sein betonend

Es war einmal eine erwachsene alleinstehende Person. Diese Person wollte so gerne ein Kind haben, wusste aber gar nicht, wo sie es herbekommen sollte. Da ging sie zu einem alten weisen Menschen, der sich damit auskannte.

In dem folgenden Kinderbuchtext geht es vor allem um die Veränderung von Verwandtschaftsbezeichnungen:

Pia hat keine Mutter. Aber zwei Tanten hat sie. Tante Sabine, die aus Amerika zurückgekommen ist, und Tante Gerda, die Mutter von Ivon. Und Ivon, das ist Pias Kusine. Natürlich hat Pia eine Mutter. Aber was hat man schon von einer Mutter, wenn sie die ganze Zeit im Krankenhaus liegt und sie nie sehen darf. Stattdessen muss man bei den Tanten wohnen. Denn Papa ist Kapitän auf einem Schiff und kann Pia nicht mitnehmen.

Genderfrei I:

Pia fehlt ein Elternteil. Aber dafür hat Pia zwei Eltergeschwister. Eltergeschwister Sabine ist aus Amerika zurückgekommen, und Eltergeschwister Gerda. Gerda ist ein Elter von Ivon. Und Ivon, das ist Pias Eltergeschwisterskind. Natürlich hat Pia ein zweites Elter. Aber was hat Pia schon von einem Elter, wenn es die ganze Zeit im Krankenhaus liegt und es Pia nie sehen darf. Stattdessen muss Pia bei Gerda und Sabine, den Eltergeschwistern, wohnen. Denn Pias anderes Elternteil fährt auf einem Schiff zur See und kann Pia nicht mitnehmen.

Genderfrei II:

Statt über das häufig biologistische Konzept Elter/n zu formulieren, wäre es auch möglich von (erwachsenen) Bezugspersonen zu sprechen:

Die Person, die Pia zur Welt gebracht hat, ist keine nahe erwachsene Bezugsperson von Pia. Aber dafür hat Pia zwei andere Bezugspersonen, die die Geschwister der Eltern sind. Bezugsperson Sabine ist aus Amerika zurückgekommen, und Bezugsperson Gerda. Gerda ist eine erwachsene nahe Bezugsperson von Ivon. Und Ivon, das ist Pias Kusi. Natürlich kennt Pia die Person, die Pia zur Welt gebracht hat. Aber was hat Pia schon davon, wenn diese die ganze Zeit im Krankenhaus liegt und Pia nie sehen darf. Stattdessen muss Pia bei Gerda und Sabine wohnen. Denn die andere nahe erwachsene Bezugsperson, die Pia seit der Geburt kennt, fährt auf einem Schiff zur See und kann Pia nicht mitnehmen.

Dieses Beispiel für eine Umformulierung macht Verschiedenes möglich im Denken: Es ermöglicht darüber nachzudenken, was genau eine Bezugsperson ausmacht: Ist es die Zeit, Aufmerksamkeit und/oder Liebe, mit der einem jungen Menschen begegnet wird? Ist es die rechtliche Anerkennung über Geburt und dann nachgeordnet Sorge, Erziehung und Aufenthalt? Können nahe Bezugspersonen im Laufe des Lebens und der Lebenssituation wechseln? Gibt es auch gleichaltrige Bezugspersonen oder Nahbeziehungen? Ausdrucksweisen wie die oben vorgeschlagenen eröffnen eine Vielzahl von neuen Fragen und Möglichkeiten, die vielleicht dem eigenen Leben mehr entsprechen können als bisherige, häufig ausschließende Modelle.

**Genderinklusiv und genderfrei:
Kreative Namen und Familienbezeichnungen finden**

Wie wir oben schon angemerkt haben, sind Verwandtschaftsverhältnisse sehr stark zweigegendert. Hier schlagen wir neue Formen vor. Dass es so wenige neue Formen gibt, zeigt, wie stark die Vorstellungen zu Gender die Idee von zwei festgeschriebenen Gendern wieder aufrufen:

Pi fehlt ein zweites Elter. Aber dafür hat Pi zwei Tatonkel. Tatonkel Abin ist aus Amerika zurück gekommen. Und Tatonkel Erd. Erd ist ein Elter von Novi. Und Novi ist Pis Kusi. Irgendwie hat Pi schon zwei Elterpersonen. Aber was hat Pi von ens Mapa, dens die ganze Zeit im Krankenhaus liegt und Pi nie sehen darf. Stattdessen muss Pi bei Erd und Abin wohnen, denn Pis Pama fährt auf einem Schiff zur See und kann Pi nicht mitnehmen.

Vorlesen und Umlesen von Texten

Neben dem Umschreiben von Texten ist eine weitere Strategie, konventionelle Texte laut oder leise umzulesen. Statt androgendernder Formen zum Beispiel ens-Formen vorzulesen, statt 'man' 'mensch' zu lesen. Wir haben diese Strategie abgeleitet aus Aussprachekonventionen in anderen Sprachen. So wird im Schwedischen beispielsweise das kurze Wort »de« »dom« ausgesprochen, auch wenn es von den Aussprachkonventionen her eigentlich »de« ausgesprochen werden müsste. Diese Strategie lässt sich auf diskriminierende Begriffe im Deutschen vorlesend ganz einfach übertragen. Sowohl laut als auch leise können konventionelle Texte so kontinuierlich diskriminierungskritisch im Lesen und Vorlesen verändert werden.

TEIL 6

Zusammenfassung, Danke und Weiterlesen

Zusammenfassung: Ideen für diskriminierungsfreie Sprachveränderungen

Wenn ich über eine Person oder zu einer Person spreche und ihre eigene Genderauffassung kenne und ihr dies relevant und wichtig ist zu erwähnen: dann bitte die selbst gewählten Formen verwenden. Das können zum Beispiel sein:

- ex für genderfreie Personen
- * für genderqueere Personen
- -in(*) für weibliche(*) Personen
- -er(*) für männliche(*) Personen

Wenn ich über eine Person oder zu einer Person spreche und Gender nicht relevant ist für die konkrete Situation und es der Person nicht wichtig ist, dass ich ihren Genderbezug erwähne: genderfreie Formen verwenden. Das sind zum Beispiel:

- die Person, die
- ens-Formen

Dasselbe gilt, wenn ich über eine Person oder zu einer Person spreche und ihre eigene Genderauffassung nicht kenne: auch die eben genannten genderfreien Formen verwenden.

Wenn es sich um reflektierte Darstellungen zu traditionellen, patriarchalen Gesellschaften und Verhältnissen handelt, finden wir es wichtig, die Relevanz, die Gender dort zugeschrieben wird, explizit zu machen – ohne jedoch traditionelle und diskriminierende Genderrollen zu wiederholen.

> *In vormodernen Gesellschaften wurde Gender so wichtig genommen und mit Bewertungen versehen, dass selbst Rucksäcke, Schlafsäcke, Taschen und sonstige Accessoires nach Gender in Frauen- und Männer-Objekte eingeteilt wurden.*

Hier würde es keinen Sinn machen, Gender zu tilgen, da Gender den Kern der Aussage bildet.

Wenn es um klischee- und vorurteilsbesetzte, pauschale Zuschreibungen von Verhalten, Eigenschaften und Aussehen nach Gender geht, ist es hingegen besser, Genderismus explizit zu benennen.

Statt: *Frauen reden nun mal lieber und mehr.*
zu schreiben/sagen:

> *Genderismus verwirklicht sich in der Genderung nahezu aller Lebensbereiche. Selbst Kommunizieren wird gegendert. Frauen wird beispielsweise eine höhere Redseligkeit zugeschrieben, Männern Wortkargheit. Dies führt zu einem Zementieren von Kommunikationsrollen, die für alle Beteiligten einengend und schwierig sind.*

Zusammengefasst bedeutet dies:

Sprachveränderungen gestalten und verändern Wirklichkeiten.
Sprachveränderungen ermöglichen Wahrnehmbarkeit, Anwesenheit, Respekt, Achtung.
Sprachveränderungen sind immer möglich.
Sprachveränderungen sind kreativ, diskriminierungskritisch und respektvoll.
Es gibt keine schlussendlich richtigen Formen, die dann für immer gelten und immer diskriminierungsfrei sind – die wichtigste Regel ist respektvoll zu sein, Diskriminierten zuzuhören und Verantwortung für das eigene Sprachhandeln zu übernehmen. Unsere Vorschläge sind nur mögliche und hoffentlich inspirierende Wege, die dazu empowern, selbst viele neue respektvolle Kommunikationsformen auszuprobieren. Wir freuen uns über immer wieder neues wertschätzendes Kommunizieren und das Kennenlernen vieler neuer respektvoller Umsetzungen.

Danke!

Dieses Buch ist unser Versuchen, uns mitzuteilen, und differenziert und genau zu kommunizieren. Wir teilen unsere Wünsche nach respektvollen Ansprachen und Ausdrucksweisen und unsere Erfahrungen. Wir freuen uns, unser Nachdenken, Ausprobieren, uns alltägliches sprachliches Agieren, unsere Wahrnehmungen und Ideen mit diesem Buch strukturiert mit_teilen zu können. Alles was wir hier schreiben muss und wird sich weiter verändern, es wird nie über Zeit hinweg gültige, »richtige« Ausdrucksweisen geben. Sprachhandeln ist lebendig und wird immer weiter und immer neu auf diskriminierende Verhältnisse re_agieren und diese produktiv verändern. Wir freuen uns, mit diesem Buch ein Teil davon zu sein.

Ohne unser Eingebettet-Sein in soziale Communities, die uns und unser Wünschen nach Anwesenheit und Differenziertheit, unser Suchen und immer wieder neu Ausprobieren mittragen, wollen, begrüßen und mitgestalten, wäre dieses Buch nicht möglich.

Ohne alle zahlreichen und immer weiter wachsenden verschiedenen aktivistischen Communities und Einzelpersonen virtuell und ganz konkret leibhaftig an vielen unterschiedlichen Orten, die nach diskriminierungskritischen Ausdrucksweisen suchen und diese teilen, wären wir verloren, isoliert und vermutlich wenig hoffnungsvoll. So aber sind wir immer wieder neu empowert und inspiriert, sind Teil einer weltumspannenden Community von Menschen, die friedliche und nachhaltige Veränderungen über ein Austreten aus strukturellen Gewaltspiralen versuchen – auch über Sprachhandlungen. Danke, dass es euch alle gibt! Mit euren Spoken-Word-Performances, Broschüren, Emails, Workshop-Organisationen und -teilnahmen, euren Postern und Sprüchen auf Stoffbeuteln, T-Shirts und Aufklebern, mit eurem Eintreten in Millionen von immer wieder neu und beharrlich diskriminierenden Kommunikationssituationen. Für eure Briefe an Ämter und Unternehmen, eure Diskussionsangebote, eure Lieder und Gedichte. Danke. Dieses Buch ist vor allem für euch – damit ihr euch so empowert und unterstützt fühlt, wie wir es immer wieder neu durch euch sind.

Danke für all die literarischen Versuche von Menschen, die ausprobieren Genderfreiheit und Gendervielschichtigkeit literarisch und poetisch auszudrücken, ohne immer wieder Diskriminierungen zu wiederholen und Genderrollen festzuschreiben. Wir danken allen, die am Schreiben als diskriminierungskritische Ausdrucksform festhalten und an dem Glauben, dass dies möglich sei – jenseits von allen Marktzwängen und Medien-Anforderungen. Danke an alle, die aufstehen, immer wieder neu, und sprachlich zum Ausdruck bringen, dass sie die rassistische, genderistische und behinderungsdiskriminierende Sprachgewalt nicht mitmachen, nicht weghören. Menschen, die nicht schweigen, nicht in Scham versinken, die sich für eine wertschätzende gesellschaftliche Veränderung immer wieder neu gewaltvollen Witzen, höhnischem Spotten, Kleinreden und Ignorieren aussetzen, um sich und anderen sprachlich gelebte Visionen einer diskriminierungsfreien Gesellschaft vorzuleben und dies immer wieder neu aus- und anzusprechen. Danke! Wir lesen euch, wir hören euch, wir brauchen euch, wir glauben an euch!

Danke Mariela und Sini für euer mitdenkendes Lesen der ersten Version dieses Textes. Das hat uns sehr geholfen im weiter am Text Feilen.

Tausend Dank Eliah für dein Testlesen und Feedbacken mit hundert kleinen und großen wertschätzenden und hilfreichen Anmerkungen, Vorschlägen und Fragen. Danke für unsere Gespräche, in denen dann irgendwann die ens-Form entstanden ist. Danke, dass du die komplexe Aufgabe des Lektorats des fertigen Manuskripts übernommen hast und dieses Buch so umfassend, vielschichtig und genau begleitet hast. Danke!

In der zweiten Auflage sind einige kleinere Änderungen und Ergänzungen gemacht worden: wir danken Anita Burchardt vielmals für das differenzierte und genaue Feedback, sowohl auf inhaltlicher, als auch auf orthografischer Ebene. Krzysztof Rybakowski hat uns per Mail auf einige Uneinheitlichkeiten im Plural aufmerksam gemacht – danke dafür! Und Marcos Cramer von der Homepage geschlechtsneutral.net machte uns mit neuen genderfreien Formen und Pronomen bekannt, die wir noch nicht kannten. Außerdem kam von Marcos Cramer der Vorschlag, die Plural-Endung von -ens in -ense zur besseren Erkennung zu ändern, was wir in der neuen Auflage umgesetzt haben.

Danke Zanko für die tolle Covergestaltung und den komplexen Satz dieses grafisch herausfordernden Projekts.

Wir sind uns gegenseitig dankbar für unser gemeinsames konstruktives, verbindendes, kreatives, herausforderndes und beharrliches Zusammenarbeiten an diesem Buch, unser hin und her Diskutieren, unseren Humor und unsere gute Laune, fantastische Mittagessen und unsere gemeinsame Liebe zu Begriffs- und Ausdrucksgenauigkeit.

Wir beenden dieses Buch mit einem Zitat von Toni Morrison:
»Diskriminierende Sprache repräsentiert nicht Gewalt, sie ist Gewalt, sie repräsentiert nicht die Grenzen des Wissens, sie begrenzt Wissen.«

Mehr noch: Diskriminierungskritisches Sprachhandeln führt Gewalt nicht nur vor. Es öffnet – sich selbst und andere hin zur gelebten Vision einer gewaltfreien Gesellschaft.

Hiddensee 2021,
Lann und Ja'n

Zum Weiterlesen:

Inspirierende Links und Veröffentlichungen

Zum Weiterlesen und zum Vertiefen der Inhalte empfehlen wir:

Exit Gender von Lann Hornscheidt und Lio Oppenländer. Das Buch bietet zahlreiche Beispiele für Umformulierungen, die Genderismus benennen. Die Notwendigkeit von genderfreien Veränderungen der Gesellschaft wird hier ausführlich erklärt. https://wortenundmeer.net/product/lann-hornscheidt-lio-oppenlaender-exit-gender/

Zu einer Ausdifferenzierung von Genderismus als Diskriminierungsform und die sprachlichen Realisierungen:

Lann Hornscheidt: feministische w_orte. ein lern-, denk- und handlungsbuch zu sprache und diskriminierung, gender studies und feministischer linguistik.

Für literarische Umsetzungen von diskriminierungskritischen Sprachveränderungen:

Rae Spoon/Ivan Coyote: Goodbye Gender. Das Buch erzählt anhand von kurzen Geschichten und Anekdoten die Veränderung von Menschen durch Genderauffassungen – bis hin zu Genderfreiheit. https://wortenundmeer.net/product/rae-spoon-ivan-e-coyote-goodbye-gender/

Anna Garréta: Sphinx. Dieser Roman ist komplett genderfrei geschrieben, das heißt, den Personen, die im Roman vorkommen, wird kein Gender zugeschrieben.

Ann Cotton: Lyophilia. Der Erzählband verwendet Wortendungen, bei denen alle Buchstaben, die Gender im Wort markieren durcheinandergewürfelt werden. Zum Beispiel: Betrachterni oder Teilnehmernnnie.

Für aktuelle politische Entwicklungen zu Veränderungen von Genderkonzepten auf rechtlicher Ebene gibt es hier Informationen:

Homepage der Aktion Standesamt:
https://aktionstandesamt2018.de/

Homepage der Initiative Dritte Option: http://dritte-option.de/

Sprachleitfäden und Formulierungshilfen bieten die folgenden Links:

Sprachleitfaden der AG Feministisch Sprachhandeln: Was tun? Sprachhandeln – Aber wie? W_ortungen statt Tatenlosigkeit. Online unter: https://feministisch-sprachhandeln.org/

Broschüre: Mein Name ist, mein Pronomen ist…
https://meinnamememinpronomen.wordpress.com/

Pronomenvorschläge von Illi Anna Heger:
https://www.annaheger.de/pronomen/

Homepage zur Begriffsklärung vom Verein TrIQ – TransInter-Queer:
https://www.transinterqueer.org/ueber-triq/begriffsklarung/

Inter* & Sprache Broschüre von TrIQ: http://www.transinter-queer.org/download/Publikationen/InterUndSprache_A_Z.pdf

Online-Genderwörterbuch von Geschickt gendern:
https://geschicktgendern.de/

Homepage zu gendergerechtem Schreiben und Sprechen für Medienschaffende mit einer Erklärung zu Gendern in Leichter Sprache:
https://www.genderleicht.de/

Artikel in der taz zu Gendern in Leichter Sprache:
https://taz.de/Leichte-Sprache/!5634433/

Sammlung von Vorschlägen für genderfreie Sprachformen:
https://geschlechtsneutral.net/

w_orten & meer –
Verlag für verbindendes diskriminierungskritisches Handeln

w_orten & meer ist ein non-profit Verlag ~ Bücher und Publikationen sind für uns eine wertschätzende Gestaltung von Welt. Wir verlegen Bücher, die zu intersektionaler Gewalt empowernde Perspektiven eröffnen und neue Ausdrucksweisen anbieten.

Der Verlag arbeitet sozial und ökologisch nachhaltig: bei der Herstellung und dem Transport der Bücher, beim Einrichten und Unterhalten des Büros und auf der Ebene der Bezahlung von Menschen, die an den verschiedenen Produktionsschritten für ein Buch beteiligt sind.

Weitere Informationen zu unserer Arbeitsweise sowie unser Gesamtprogramm finden sich auf unserer Webseite: www.wortenundmeer.net

Exit Gender

Gender loslassen und strukturelle Gewalt benennen: eigene Wahrnehmung und soziale Realität verändern

Lann Hornscheidt und Lio Oppenländer

432 Seiten | 11 Euro | ISBN: 978-3-945644-17-1

Ist es möglich aus Geschlechtsidentität/Gender auszusteigen? Gibt es einen Weg, Menschen wahrzunehmen, ohne immer wieder neue Identitätskategorien zu schaffen?

In diesem Buch werden Einteilungen von Menschen in Genderkategorien nicht als gegeben genommen, sondern als Teil von Diskriminierung verstanden. Neue Handlungsstrategien werden vorgestellt, um die eigene Wahrnehmung und soziale Realität zu verändern.

Anschaulich erklärende Texte, literarische Utopien, konkrete Beispiele für sprachliche Strategien und inspirierende Einzel- und Gruppenübungen – das alles findet sich in Exit Gender.